SHODENSHA
SHINSHO

衛大学校で、
と安全保障をどう学んだか

敦
俊

祥伝社新書

まえがき

防衛大学校第三代校長にして、日本を代表する国際政治学者でもあった猪木《いのき》正道《まさみち》は、ある年の卒業生に向けて、このような言葉を残しました。

「本当の平和主義とにせの平和主義との違いは、自国の国の主権と独立を守ることにより、国際の平和と安全に責任を果すか否かに存している。そういう責任感に裏打ちされない〝平和主義〟は、主観的意図が善良か邪悪かにかかわりなく、直接および間接侵略の危険を招き、自国の安全と世界の平和を破壊する」

（新聞「小原台《おばらだい》」一一九号、一九七四年三月二十日）

いまから約四〇年も前に述べられたものですが、現代の日本にも十分に通じる見方なのではないでしょうか。私たち国民は、あらためて日本という国家の、平和への向きあい方が問われている時代にいます。昨今、よく耳にするようになった「積極的平和主義」という言葉は、その状況を反映しています。

平和とは、ただ口にしていれば得られるものではなく、また観念的なものでもありません。現実に即しつつ、しっかりとバランスのとれた、理論と実践の積みかさねによってのみ、それは維持されます。

そしてそれは、科学的に、冷徹に、目の前の現実と向きあっていくという立場を確立するところから出発します。

二〇〇九年四月五日、筆者である杉井と星野の二人は、第五十七期生として防衛大学校に入校しました。ちょうどその日、北朝鮮は日本列島上空を通過させる形で、弾道ミサイルを発射し、世界を騒然とさせます。当然、入校式らしい祝賀ムードはほとんどなく、味わったことのない緊張感がその場を支配していたことを記憶しています。

それは、自分たちがその日以来、「国防の人」となったのだと自覚させる瞬間でもありました。もしかしたら、この国の平和なんて、簡単に消え去るほど、もろいものなのかもしれない――私たちはその日、たしかにそう思わされたのです。

そして、のちに受講した朝鮮半島地域研究の講義のなかで、ある教官は次のように学生たちに問いかけました。

「国際社会は、正義を実現するための場なのか、それとも安定を求める場なのか。君たちは、世界をあるべき姿として見るのか、あるいはあるがままの現実を見ようとするのか……」

中国の軍事的台頭、北朝鮮の核危機、大量破壊兵器の拡散、テロリズム、内戦、戦争……世界は危険に満ちています。こんな時代だからこそ、世界について、そして我が国の安全保障について、国民ひとりひとりが自分の頭で考え、適切な言葉で表現し、行動を起こしていくことが求められるのではないでしょうか。

右でも左でも中道でもなく、積みあげられてきた理論と歴史によりながら、論理的に、科学的に思考し、ありのままの世界を見ようと努力しつづけること。それが防衛大学校で私たちが学んだ世界の見方です。

本書は、防衛大学校を卒業した筆者二人が、そこで学んだ戦争論や安全保障論をベースに考えてきたことを、つづったものです。戦争と平和、日本と世界の安全保障問題を考えていくうえで、基本となる大切なことが、ひととおりわかるような内容にまとめたつもりです。読者の皆さんにとって、この本のなかで触れられた世界の見方が、少しでも参考になれば幸いです。

二〇一四年五月

杉井《すぎい》 敦《あつし》
星野《ほしの》了俊《あきとし》

防衛大学校で、戦争と安全保障をどう学んだか——目次

第三章　いつだって戦争は、ただの人殺しじゃない？　143

第四章　戦争の原因は、大きく三つある？ 207

第五章　これからも日本は、平和主義をつらぬく？　279

序章

ある中国の兵法書に、こんな言葉がある。

「国大《だい》なりといえども、戦《いくさ》を好めば必ず亡《ほろ》ぶ。天下安らかなりといえども、戦を忘るれば必ず危《あや》うし」

防衛大学校創立の三恩人

筆者二人が学び、卒業した防衛大学校（National Defense Academy）は、自衛隊のリーダーを育成することを目的とした防衛省の教育機関です。海外では、士官学校とも呼ばれ、その歴史は、一九五三年の保安《ほあん》大学校設立に始まります。

保安隊の創設にあたって、その指揮官の養成は喫緊《きっきん》の課題でありました。その必要性が、戦前には陸軍士官学校、海軍兵学校で知られた日本の士官学校を、敗戦後の新時代に再建させることへとつながります。

保安大学校の設立にもっとも尽力した人物が、当時の宰相《さいしょう》吉田茂《よしだしげる》でした。かつて、帝国日本の外交官として国益追求のために闘う一方、アメリカやイギリスとの戦争に最後まで反対しつづけ、開戦後は早期の和平をめざし、工作の過程で軍部によって投獄されるなど、まさに波乱の経歴を持つ人です。

このため吉田の心には、戦前における軍部の暴走や、軍内部における陸軍と海軍の対立構造などが、新しい士官学校設立にかかわる大きな問題意識として刻まれていました。それは、陸・海・空の統合の学校であるとともに、民主主義時代の新しい士官教育として志向されていくよう、求められたのでした。

この新時代の士官学校設立にあたって、吉田は、かつての慶應義塾塾長であり、当時の皇太子殿下（今上天皇陛下）の教育責任者だった、小泉信三《こいずみしんぞう》に校長の人選を相談します。小泉が推薦した人物こそが、塾長時代の慶應義塾理事であり、腹心でもあった槇智雄《まきともお》でした。かつてイギリス、オックスフォード大学に学んだ、その深い学識はいうまでもなく、大学運営における槇の卓越した手腕に対して、小泉は深い信頼を寄せていたといわれています。吉田は、槇と会見すると、すぐに意気投合して登用を決断しました。

日本国はじまって以来の悲惨な敗戦からわずか八年、初代校長に就任した槇は、一九五三年の第一期生入校式のおり、次のように語りかけました。

「長い間にはいずれの国にも消長《しょうちょう》があり、興隆衰退《こうりゅうすいたい》のあることは免《まぬが》れません。しかしその興《おこ》るや必ず理由があり、またその衰《おとろ》うるやその原因も必ずあるのであります。われわれは最近誠に悲惨な多くの労苦を重ねて参りました。しかしすべての希望を失い、その誇りを捨てるのは余《あま》りに強い自負の心の残るを如何《いかん》ともなし難《がた》いのであります。われわれは心を新たにし、国の興隆する原因を探究して、ひたすらこの途《みち》に励《はげ》みたいのであります」

保安隊は翌一九五四年に自衛隊と改称され、それにともなって、保安大学校も防衛大学校となります。

やはり最初は、手さぐりや実験の連続であったかもしれません。しかし、初代学校長である槇の強いリーダーシップと、おりにふれて防大の教育に直接、間接とわず強くかかわった吉田、そして二人を結びつけ、防大の教育を見守りつづけた小泉の三人の功績によって、新時代日本の士官学校における確たる方向性と重要な基礎は形づくられたのでした。

槇智雄、吉田茂、小泉信三は、防衛大学校三恩人と呼ばれています。

防衛大学校の文武両道

防大生は、厳格な服務規律・規則に拘束される集団生活を送ります。知・徳・体を総合的に鍛《きた》えあげる教育訓練を通じて、自衛隊のリーダーに不可欠とされる素養を身につけることが求められるのです。そして、「真の紳士淑女にして、真の武人」という目標のもと、ただ軍事に特化するのではなく、良識と教養をともなった有用な社会の一員となることをめざします。

そのため、一般の大学生活とは程遠く、四年間、起床から就寝まで徹底的に管理された分刻みの生活を送ります。日々の生活の軸は、「勉学・校友会（部活動）・学生舎」の三本柱にあり、これに加えて陸・海・空の各要員別におこなわれる訓練を通じて、幹部自衛官に必要とされる識能の基盤を涵養《かんよう》していきます。

このように防大は、世界でも珍しい陸・海・空統合の士官学校であり、これが昨今重視される統合運用の精神的支柱になると期待されているのです。

また、春、夏、冬にそれぞれ集中的に実施される定期訓練では、全国の基地や駐《ちゅう》屯《とん》地にて部隊研修がおこなわれ、各部隊の現況や主要な業務はもちろん、防大卒業後、指揮官として何が求められることになるのかを叩きこまれます。

防大では、一般的なイメージどおり、厳しい教育を受けることになるのですが、実際のところ、このような素養の多くは、一朝一夕《いっちょういっせき》には身につけられるものでなく、人生をかけて習得していくものが大半を占めるように思われます。

そこで、学生時代に身につけるべき素養のなかで、とりわけ重要とされるのが、「広い視野」、「科学的思考力」、「豊かな人間性」に裏打ちされた自身の軸を確立することです。すなわちそれは、豊かな教養や価値観といったものを身につけ、日本の安全保障問題、あるいは広く国際関係について、自分の頭で考え、適切な言葉で表現するための基礎力をはぐくむことです。

もちろん防大は、軍人を育てる学校なので、机上の勉学や訓練のほかに、体育教育が重視されています。まず、全学生が約四〇ある運動部のうちのいずれかに所属することが義務づけられています。さらに、最近メディアでとりあげられることも多くなった、開校祭における伝統の棒倒し競技をはじめ、水泳や断行《だんこう》（クロスカントリー）、持続走（駅伝）といった全学生参加の体育競技会が開催されています。

ある競技会の閉会式のおり、学生を前にして校長は、このように語りかけました。

「かつて、ウェリントン卿《きょう》は、ワーテルローの戦いの勝利はイートンの校庭で準備されたものだといった。この小原台《おばらだい》における凛々《りり》しき諸君らの身体の鍛錬《たんれん》は、将来の日本の危急存亡《ききゅうそんぼう》を救う、ここいちばんの力となるだろう」

ちなみに小原台は、防大がおかれる、神奈川県横須賀《よこすか》市の高台の地名です。

このスピーチは、ワーテルローの戦い（一八一五年）において、かつてのフランスの英雄ナポレオンを破ったイギリスの将軍ウェリントンの言葉を借りて、語られたものでした。当時のイギリス軍の指揮官たちは、みなイートン・カレッジのようなイギリスのトップスクールで学んだ者たちであり、そこでおこなわれる伝統的スポーツが彼らを鍛えたという背景をあらわしているのです。つまり、ウェリントンがいったとされるこの言葉は、西洋史におけるドラマティックな名言でもありました。

当時をふりかえると、学校長はこの言葉のなかに、防大の文武両道教育の気概《きがい》をこめたのではなかったかと思います。

メディアでは、文武両道の「武」の部分が注目されることが多いようですが、本書では主として「文」の部分、つまり学術教育についてとりあげていきます。

防大は、人文・社会科学専攻（文系）と理工学専攻（理系）に分かれ、さらに文系は三学科、理系は一一学科の、計一四の専攻分野に分かれています。学科数からもわかるとおり、圧倒的に理系の学生が多数を占めています。学生数は年によってバラつきがありますが、毎年おおよそ五〇〇～六〇〇名が入校し、卒業時までに四〇〇名程度まで減ることになります。

学生たちは、各々の専攻科目に加え、全学生必修の教科である「防衛学」（Defense Studies）を学んでいきます。筆者二人ともに、人文・社会科学専攻の学生として入校し、のちに国際関係学科に進学して国際関係論を学びました。

防大国際関係学科では、アカデミックな視点から、あくまで学術的なロジックを重視した教え方がなされています。国際政治学や国際政治史、軍事史、政治外交史、国際法といった基幹科目をはじめ、アメリカやヨーロッパ、アジアやオセアニアなどの地域研究、国際経済学、比較政治、政軍関係論など、選択科目は充実しており、本学科の教官陣も、日本を代表する国際政治学者、国際法学者で構成されています。

全学生必修の防衛学では、国際関係学科のほかの専門科目にくらべ、より実務に即した視点から、国防や戦略、作戦、戦史、リーダーシップといった各論を学びます。教官は、大半が現役の制服自衛官、もしくは退官された元自衛官です。

本書は、筆者二人が、さまざまな防大のカリキュラムのなかで、日々学んだ過程をたどりながら、「安全保障と世界の見方」について考えたことをまとめたものです。

ミリタリーとシビリアン

執筆の背景を明らかにするため、私たちのことについて、すこしお話しさせてください。

筆者である杉井と星野は、二学年時から卒業まで防大内の同じ部隊・学科に所属していました。在学中から日本の戦争と平和について真剣に考えてきた変わり者どうしでしたが、それが高じて、ともに二学年時から学内の学生団体である国際関係論研究部に所属し、杉井が代表をつとめました。

そして、東京大学や京都大学をはじめ、さまざまな一般大学のゼミや学生団体と、合同討論会・勉強会を企画し、たくさんの交流を持つことができました。四学年時には、東京の諸大学が合同で設立したある学生団体の招きを受け、未熟ながら二人で安全保障に関する講義をさせていただいたこともありました。

そのような機会のなかで、多くの他大学の学生たちが、軍事や安全保障の分野に関して、すくなからず興味を持っているものの、学問的な形で触れる機会が非常に少ないうえ、なんとなく小難《こむずか》しいというイメージがあって避けてしまっていたということを聞かされました。

そのころから、筆者たちは、安全保障分野に関する学問的知見を、興味があっても機会がないという人たちに、広く、わかりやすく伝える方法はないものかと考えてきました。そんなとき、かつて防大卒業式で語られた、ある有名なスピーチに出会ったのでした。

歴史小説『ローマ人の物語』で知られる、作家の塩野七生《しおのななみ》は、一九九三年の防大の卒業式に来賓として出席し、祝辞を述べています。その一節が、私たちの心をとらえました。

「一級のミリタリーは、一級のシビリアンでもある」

この言葉には、戦場における軍人（ミリタリー）は、軍団全体のヒト・モノ・カネといった諸要素を、あたかもシビリアン（市民）のようにうまくマネジメントできなければ、勝利を手にすることはできないという意味がこめられています。

さらに、軍人という枠にとらわれない、柔軟な思考のできる武将こそが、歴史的な勝利を手にしてきたということも意味しています。彼女が『ローマ人の物語』で描いた、ハンニバルやスキピオといった偉大な武将たちも、ただ一般的なミリタリーとしての枠《わく》にとらわれる人間ではなかったというのです。

そして彼女は、「明日シビリアンの世界に放りだされても、一級のシビリアンで通用するミリタリーになってください。そしてそれが、古今東西変わらなかった、一級の武人になる唯一の道だと思います」という言葉で、祝辞をしめくくりました。

「一級のミリタリーは、一級のシビリアンでもある」という言葉は、その逆もまた真なのではないかと、私たちは考えるようになりました。

民主主義国家である日本の主権の担《にな》い手は、日本国民に他なりません。政治家、政府もすべて国民の代表から選ばれます。国民の最終的な代表者たる内閣総理大臣は、自衛隊の最高司令官です。当然、根本の主権者たる国民も、自分たちの国をどうやって守っていくかを考えていかなければなりません。

そして、その手段としてのミリタリー（自衛隊）をいかに活用していくべきかという問題にぶつかります。ここに、民主主義国家におけるシビリアン・コントロールの論理があります。シビリアンがミリタリーの世界を知らなければ、有効な活用などできません。有効な活用ができなければ当然、国家の安全は損《そこ》なわれてしまいます。

であるならば、日本の安全保障や軍事に関して、偏《かたよ》りのないバランスのとれた考え方を日本国民が持つことは、日本の平和と安全を守るうえで何よりも重要なのではないかと思われるのです。ミリタリーを知り、この国を守るという気概が宿るとき、人は「一級のシビリアン」となるのではないでしょうか。

私たちは防大卒業後、その制服を脱がせていただくことにしました。規則上、ミリタリーの立場に身をおきながら、広く一般に向けて国家の安全保障について語ることはできません。シビリアンとなることで、制約のない立場から、そのような活動をおこなっていくことを決意しました。シビリアンの立場から、より深くミリタリーを見つめていこうということです。

話を先に進める前に、まずは、そもそもの自衛隊について、その歴史的背景をふまえて、確認しておかなければいけません。

自衛隊の価値

第二次世界大戦で敗戦国となった日本は、アメリカ主導のもと、連合国軍総司令部（GHQ）の支配下におかれ、一時的にではありますが、主権を失いました。GHQ最高司令官マッカーサーの強力な指導と監視のもと、日本はさまざまな改革を実行していきます。

一九四六年五月に発足した第一次吉田茂内閣は、食糧危機や労働運動の激化、そして憲法制定問題などに対処しつつ、戦後日本が進むべき路線を模索します。その後、四八年十月にふたたび首相に返り咲いた吉田は、「親米による軽軍備を軸とした経済重視」の路線を選択します。

日本の独立の契機は、一九五一年九月八日に調印されたサンフランシスコ平和条約締結であり、同日、サンフランシスコの第六兵団駐屯地プレシディオにおいて、日本はアメリカとのあいだに「日米安全保障条約」(Treaty of Mutual Cooperation and Security between the United States and Japan) を締結します。

この日米安保条約締結以来、日本の歴代内閣は、アメリカとの同盟関係を基軸とし、「親米」と「経済重視・軽軍備」をかかげる、いわゆる「吉田ドクトリン」の延長線上にある考え方を外交・安全保障政策の基盤に据《す》えてきたのです。

話をすこし戻しますが、敗戦国となった日本は、GHQによって非軍事化政策が断行されていました。日本は軍事的に丸腰《まるごし》となる代わりに、米軍が日本に駐留して安全を保障する形になったのです。「親米」、「経済重視・軽軍備」という路線を選択し、西側陣営の一員として進むことを決断した吉田は、大蔵大臣・池田勇人《いけだはやと》をアメリカに派遣し、講和後の米軍駐留を受けいれる旨をアメリカ側に示唆《しさ》します。そんななか、事態を一変させる大きな事件が起こります。

一九五〇年六月二十五日、北朝鮮の朝鮮人民軍が三八度線を越えて南下し、韓国に対する全面攻撃をしかけました。朝鮮戦争の勃発《ぼっぱつ》です。日本に駐留していた米軍は、急遽《きゅうきょ》朝鮮半島へ出動することになり、日本の統治と治安を一手に担ってきた米軍がいなくなるという事態におちいりました。

そうです。日本は、一時的に軍事の空白地となったのです。

この事態を憂慮したマッカーサーは七月八日、吉田に対して七万五〇〇〇人からなる治安部隊の創設を命じ、「警察予備隊」(National Police Reserve) が発足しました。五二年十月には、アメリカからの再軍備要求に難色を示しながらも、吉田は一一万人に増員した警察予備隊をもって「保安隊」(National Safety Forces) へと改編します。

そして、一九五四年三月に締結された日米相互防衛援助協定（MSA協定）にもとづき、六月には防衛二法（「防衛庁設置法」と「自衛隊法」）が成立し、ついに七月一日、保安隊は「自衛隊」(Japan Self-Defense Forces) に改編されました。

以後、日本の防衛を担ってきた自衛隊でしたが、創設からごく最近にいたるまで、それに対する世間の風当たりはたいへん強いものであったか、あるいは無関心な国民が大半を占めていたように思われます。これには、敗戦国であり、世界唯一の被爆国である日本国民の、軍事や安全保障に対する警戒感、嫌悪感が背景にありました。日本の反軍国主義の政治文化や社会的な風潮といったものは、海外の研究者からもたびたび指摘されているものです。

たとえば、アメリカの政治学者トーマス・バーガーやピーター・カッツェンスタインは、日本において、「反軍国主義」の政治文化が、世論と政治・経済エリートの大部分によって支持されているだけでなく、政治システムそのものに制度化されていること、戦後に形成された日本の反軍国主義の社会規範が非常に安定的であることなどを指摘しています。

また、アメリカの国際政治学者アンドリュー・オロスは、日本国内の反軍国主義の信条は、日本の安全保障政策の基本原則として作用しつづけるであろうという見解を示しており、同時に、「憲法第九条」を戦後日本の反軍国主義的安全保障の要《かなめ》であると位置づけています。このような反軍国主義的な社会の風潮こそが、自衛隊に対する反感や無関心の根底にあったのではないでしょうか。

そういった現実のなかで、一九五七年二月、吉田茂が自邸を訪問した防大生たちに語ったとされる次の言葉は、自衛官が日々どのように自分の職務と向きあっていくべきかという問題に正面から応じたものでもありました。

「君達は自衛隊在職中、決して国民から感謝されたり、歓迎されることなく自衛隊を終わるかも知れない。きっと非難とか誹《ひ》ぼうばかりの一生かもしれない。御苦労なことだと思う。しかし、自衛隊が国民から歓迎され、ちやほやされる事態とは外国から攻撃されて国家存亡の時とか、災害派遣の時とか国民が困窮し国家が混乱に直面しているときだけなのだ。言葉を変えれば君達が日陰者《ひかげもの》であるときのほうが、国民や日本は幸せなのだ。国家のために忍び、堪《こら》えてもらいたい」（防大一期生、平間洋一氏の回想）

ある意味では、注目されることが少なかったからこそ、自衛隊は創設以来、防衛力を基盤とする各種能力を着々と、漸進《ぜんしん》的に整備することができていたと見ることもできます。しかし、冷戦の終結直後、日本は自衛隊の位置づけをあらためて見直さなければならない必要性にせまられることになるのです。

一九九〇年八月二日、サダム・フセイン政権下のイラクが一〇万人の軍隊をもってクウェートに侵攻、占領しました。いわゆる湾岸危機です。軍事侵攻の直接の原因は、イラン＝イラク戦争（一九八〇 - 八八年）の際の対イラク債権をクウェートが帳消しにせず、石油価格などの面でもイラクの希望に応じようとしなかったという点にあるといわれています。

この事態を受け、国連安保理ではクウェートからの即時撤退を求める決議が採択され、まもなくイラクへの経済制裁も開始されました。しかし、イラクは在留外国人を「人間の楯《たて》」として人質にするなどして対抗します。これに対し、国連安保理は十一月末、イラク軍が一九九一年一月十五日までに撤退しなければ、各加盟国に対し「あらゆる必要な措置をとる権限を付与する」ことを明記した、国連安保理決議第六七八号（いわゆる「武力行使容認決議」）を採択しました。

この決議にもとづいて米軍を中核とする多国籍軍は一月十七日、イラクに対する空爆を開始し、さらに二月末には大規模な地上戦が開始され、直後の二十八日、イラク軍は停戦に応じ、クウェートから撤退しました。以上が湾岸戦争のあらましです。

問題は、このときの日本の対応でした。湾岸危機を受け、アメリカは日本に対し、同盟国として輸送協力などでの共同行動と、戦費の拠出を求めました。しかし、戦後の平和主義にどっぷりとつかっていた日本国民にとっては、自衛隊が後方支援や輸送、医療協力といった活動に参加することですら容認することができなかったのです。結局、当時の海部俊樹《かいふとしき》内閣は、憲法第九条との兼ねあいもあり、軍事的な協力を断念します。

結局、このときの日本の選択は、国際社会から非難を浴びたのち、あらためて総額一三〇億ドルの資金協力を申しでたことで、その対応は「小切手外交」と揶揄《やゆ》され、戦後クウェートがワシントン・ポスト紙に打ちだした謝意広告に掲載された三〇カ国のなかに、日本の国名と国旗はありませんでした。

日本は四月になって、ようやくペルシア湾に海上自衛隊の掃海艇《そうかいてい》を派遣し機雷《きらい》処理をおこないますが、国際的な信用を回復するためには、さらなる貢献が求められました。

失われた日本の信用を回復するため、一九九二年、宮沢喜一《みやざわきいち》内閣は「PKO協力法」を成立させ、カンボジアPKOに自衛隊を派遣することを決断します。PKOとは、国連平和維持活動（United Nations Peacekeeping Operations）の略で、世界各地の紛争の平和的解決を間接的に支援する国連の活動です。各国部隊で編成される平和維持隊による停戦監視や兵力引き離し、非武装の軍人で構成される停戦監視団による活動のほか、文民警察活動や選挙、復興・開発などの支援もおこなわれています。

この年、約一二〇〇名の自衛隊員が、内戦で壊滅状態にあったカンボジアの再建に向けて社会インフラ整備を中心に奮闘したところ、日本は国際社会から称賛を受けるほどの大きな成果をあげることができました。以後、一九九三年のモザンビーク、九四年のルワンダ、九六年からはゴラン高原と、自衛隊による国際平和協力活動は数を増していき、その成果は今日まで積みかさねられています。

しだいに増えていく自衛隊の国際平和協力活動を、さらに勢いづけるきっかけとなったのが、二〇〇一年の9・11同時多発テロ事件から始まる、アメリカによるアフガニスタン戦争とイラク戦争でした。

二〇〇一年十月に制定された「テロ対策特別措置法」、〇三年七月の「イラク人道復興支援特措法」、および〇八年一月の「補給支援特別措置法」にもとづき、陸上自衛隊と航空自衛隊は〇八年十二月までイラクの人道復興支援活動をおこない、海上自衛隊は〇一年から一〇年一月までのあいだ、インド洋で米軍などの艦艇《かんてい》に対する洋上補給（給油）をおこなっています。

また、二〇〇七年に防衛庁から防衛省へと昇格するとともに、従来自衛隊にとって「付随的任務」に位置づけられてきた海外での活動が「本来任務」となったことで、自衛隊が海外で活躍する機会は格段に増えてきています。ネパールやスーダン、ハイチにおけるミッションや、ソマリア沖の海賊対処など、自衛隊の活動は世界の平和と安定にすくなからず寄与するようになりました。

国内では、一九九五年一月十七日に発生した阪神・淡路大震災、および二〇一一年三月十一日の東日本大震災における自衛隊の災害復興支援は、いまだ記憶に新しいところです。とくに東日本大震災直後の災害救助活動では、約二四万人いる自衛官のうち、最大時で一〇万七〇〇〇人の自衛官が統合任務部隊を編成し、陸・海・空自衛隊が一丸となって任務をまっとうした結果、多くの命が救われたことは周知の事実でしょう。

その一方で、自衛隊の存在意義ともいえる「武力攻撃事態等への対応」、すなわち軍事力による国家防衛を確実なものにするための、たゆまぬ訓練が、日夜続けられています。北朝鮮のミサイル発射実験の際に見られた高射部隊の迅速な展開なども、日頃の訓練があってこそのものなのです。

そして、領空侵犯や領海侵犯への日々の対応がしっかりとなされているからこそ、我が国の独立や領土、国民の生命・財産などが今日まで守られてきたという厳然たる事実は、けっして軽視されるべきものではありません。日本の平和と安全はある意味、目に見えない成果の積みかさねによって支えられているのです。

この、きな臭い現状

いま、以前には考えられないスピードで日本の安全保障のしくみが変化しています。「国家安全保障会議」（日本版ＮＳＣ）創設、特定秘密保護法制定、国家安全保障戦略およびこれにともなう新防衛計画の大綱・新中期防衛力整備計画の制定、防衛予算拡大、集団的自衛権の解釈見直し……。

それらのすべてがよいかどうかの価値判断はさておき、国を守るという目的のもと、これまでできなかったようなことができるようになったり、そのための能力が増強されたりしてきていることは確かです。

とくに、二〇一三年十二月に閣議決定された「国家安全保障戦略」には、「我が国の平和と安全は我が国一国では確保できず、国際社会もまた、我が国がその国力にふさわしい形で、国際社会の平和と安定のため一層積極的な役割を果たすことを期待している」とあります。

これをふまえて我が国は、「積極的平和主義」（Proactive Contribution to Peace）という姿勢を打ちだしています。つまり、今後の日本は、世界の戦争と平和の問題により深くかかわるようになるのです。その影響を直接、間接に受けるのは、日本国民に他なりません。これからの世代は、これまでの戦後世代とは違う現実を目《ま》のあたりにすることになりそうです。

そんな日本は、中国や北朝鮮、韓国、ロシアといった近隣諸国との緊張がたえません。ここ最近でも、中国による防空識別圏の設定という、目に見えないですが、深刻で物騒な線引きに不安をつのらせたところです。将来、中国はいまよりも、もっと強力な軍事力を保持していることでしょう。ともすれば、現在の緊張が、明日には一《いっ》触即発《しょくそくはつ》の事態に発展している可能性も否定できません。

正直なところ、どんなに緊張が高まろうと戦争だけは避けたいものです。しかし、こちらがしたくなくても、他国間の戦争に巻きこまれるとか、どこかの国が有無《うむ》をいわさずに攻撃してくるのではないかとか、そういう心配はたえません。そんなことで日本という国がなくなってしまっては、元も子もないのです。

だからこそ、昨今、国の防衛にかかわる法制や国家戦略、自衛隊といった、さまざまな要素を変革しているわけですが、当然のごとく、国民のあいだからも素朴な疑問が生じていることは、否定できないでしょう。


「自衛隊を強化したらどうなるの？　危なくないのか？」

「日本はまた戦争をするのか？　それとも巻きこまれるのか？」

「中国が戦争をしかけてくる？　尖閣をめぐって戦争が起こるのか？」

「いざというとき、アメリカは日本の平和を守ってくれるのか？」

「集団的自衛権とは、何なのか？」

「そもそも、積極的平和主義とは何なのか？」


こういった疑問を前にして、この国の平和と安全保障について考えていくというのが、本書の主旨です。平和を考えるためには、戦争を知り、考えなくてはなりません。より普遍的でマクロなアプローチから、戦争と平和を決定づける世界と安全保障のしくみについて、いっしょに考えていきましょう。

第一章　なぜ、世界に対立が起こる？

その昔、革命家レオン・トロツキーは、こんな不思議な言葉を残した。

「諸君は戦争に関心を持たないかもしれないが、戦争は諸君に深い関心を持っているのだ」

戦争と平和

ところで、平和な社会って、何？

防衛大学校で学ぶようになった私たちが、「平和とは何か」という大きな問題について、はじめて真剣に考えたのは、三学年時になってからでした。そのきっかけとなったのは、軍事や戦争の歴史と理論を通年でとりあげる、国際関係学科の、とある専門科目の講義です。

この講義のなかでとりあつかわれたテーマの例をあげると、「戦争とは何か」、「なぜ戦争は起こるのか」、「戦争の敷居」、「軍人のメンタリティ」、「将校と兵士の違い」、「正義の戦争」、「日本の戦争」、「中国はいつ戦争するのか」、「弱い国が強い国に勝つためには」などです。おそらく日本では、防大以外に学ぶことはできないであろう、非常に興味深いものばかりでした。

実際、その講義のなかで、「平和」という概念に触れられたのは、数えるほどしかありませんでした。しかし、軍事や戦争について学べば学ぶほど、「平和」の意味についても考えずにはいられなくなっていったのです。

それまでにも、国際政治学の基礎的な理論を学ぶ講義などで、ガルトゥング『構造的暴力と平和』や、ガーリ国連事務総長のレポート『平和への課題』などといった、「平和」と名のつく書物を読む機会はありました。

ところが、どういうわけか、「平和」というものが実感をともなって存在をあらわしたのが、軍事や戦争を深く学んでからだったことは、まさに皮肉といわねばならないでしょう。そして、このことが真実をあらわしてもいたのです。

平和な社会、平和な国、平和な世界……。思えば、子供のころから「平和」という言葉は、日常にありふれていました。その一方で、「平和」という言葉がいったい何を意味するのかなんて、自分たち自身よくわかっていませんでしたし、おそらく同世代の多くの方も同じ感覚ではなかったでしょうか。

それでは、あらためて「平和」って、何でしょうか。

すべての人々が幸福に暮らしている世界は、まちがいなく「平和である」といえます。しかし、そんな世界は、現実には存在しませんし、過去にも存在しませんでした。

貧困や病気、差別や暴力に苦しむ人々は、貧しい国にも、豊かな国にも存在します。駅前など街頭活動をするNGOが、アフリカの少年兵士問題や世界の最貧国の疫病予防などを訴えているのは、日常風景です。また、比較的豊かな日本だって、格差社会、ネットカフェ難民、孤独死など、たくさんの社会問題をかかえています。

有名な『世界人権宣言』で語られるように、この世界から暴力の恐怖や貧困による欠乏をなくしていくことは、人類が共通してめざすべき理想であるといえるでしょう。しかし残念ながら、そんな**理想の平和**は、考えだすとキリがありません。もちろん否定しているわけではないのです。やはり土台というか、前提がしっかりしないと理想はなりたちませんし、めざすこともできないと思います。いわば、**現実の平和**です。

さて、ここで問題です。平和の反対、対極にあるものとは何でしょうか。そこに現実の平和を考えるヒントがあります。

あるものごとについて、もっとシンプルに、もっと現実的に考えるとき、その反対側にあるものに目を向ける方法論が、有効です。平和の反対にあるものは、**戦争**に他なりません。平和の対極は戦争ではなく暴力であるという見方もありますが、本書では、**戦争がなく、それが生じる不安も存在しない状態を平和**と考えて、話を進めていきたいと思います。

戦争と、ひとくちにいっても……

というわけで、平和とは何かを考えるために、戦争とは何かを考えていくことにします。

あるものごとを考えたり、誰かと何かを議論したりしていくうえで、定義をしっかりと定めておくことは非常に重要です。かつて筆者たちも、嫌というほど教官たちにそれを叩きこまれてきました。提出するレポートや論文はいうまでもなく、ディベートや討論会にいたるまで、そこで用いる言葉の意味を、はじめに定義しておくことが求められます。

防大では、戦争の社会科学的な研究が実施されています。それまで、戦争についてなんとなくでしか考えてこなかった私たちにとっては、このような戦争に対するアプローチそのものに、驚いたものでした。

そんな戦争にはいろんな定義があって、これまで多くの偉人や研究者がそれぞれにたくさんの定義をつくってきました。本書でいう戦争とは、**政治的対立を解決するために、すくなくとも一国以上の国家が当事者となっておこなわれる、武力をともなった争い**です。この戦争の定義に、国家間の戦争に加え、国家と大規模な武装集団や政治主体との武力をともなう争いもふくめます。

連綿と続く人類の歴史のなかで、戦争は多様な形態でおこなわれてきました。個々の戦争には、当然のごとく規模の大小や形式の違いなどが存在し、たんに「戦争」という言葉が、ひとことで片づけられるものではないことがわかります。それをどんな言葉で表現するかによっても、理解や印象はがらりと変わってしまいます。

たとえば、「戦争」(War) という言葉は、しばしば「**紛争**」(**Conflict**) という言葉と混同されて使用されることがあります。あいまいな表現は、はっきりとさせておかなければ、誤解のもととなりかねませんが、現実には、戦争と紛争の違いに、確実な定義は存在していません。その場合、もっとも適切と判断される定義をもって、考えていくことが重要です。

本書における**紛争とは、大規模な暴力や犯罪、テロリズムや内戦、戦争などのすべてを包みこむ大きな概念**のことです。

現代日本の安全保障を考える以上、主として「国家による戦い」というものに焦点を合わせることになりますが、近年のシリア情勢からもわかるように、たとえば内戦という問題にいかに対処していくかは世界的な課題なのです。これもふくめて、戦争の実態をより詳しく見ていく作業は、第三章でおこなっていきます。ここではざっくりと、戦争ってひとくちでは表現できないこともあるんだなと理解しておいてください。

クラウゼヴィッツ『戦争論』との出会い

国家の政治がからむところには、時に何かしらの利害対立が生まれてしまいます。

通常そのような問題には、まず話しあいという手段でもって対処しようとするものです。しかし、外交交渉が決裂した場合、あるいは対話ではどうにもラチが明かないと判断された場合に、軍事力によって目的を達成しようとします。それが、戦争です。よって戦争は、「政治の最終手段」とも呼ばれます。

カン違いしてはならないのが、最終手段だからといって、それまでおこなわれてきた話しあいや外交といった、その他の政治的手段がすべて停止するわけではありません。あくまで政治的目的を達成するための手段として、戦争は存在します。戦争の勝利をふくめた政治的目的は、あらゆる政治的手段を総動員することで、達成されるのです。

十九世紀のプロイセン（現在のドイツ）の軍人であり、軍事学者のクラウゼヴィッツは、有名な**『戦争論』**（***Vom Kriege***）のなかで、「戦争は、他の手段をもってする政治の延長である」と論じています。

ところで、このクラウゼヴィッツ『戦争論』は、戦争に関する古典中の古典であり、世界最古の兵法書である『孫子《そんし》』、リデル・ハートの『戦略論』などとともに、防大生必読の書とされています。とくにクラウゼヴィッツは、全学生の必修教科である「防衛学」のなかの、さまざまな科目でとりあげられ、その論理を理解し、戦争についての見識を深めていくことが、一貫して重視されているように感じられました。しかし『戦争論』は、どちらかといえば、難しい書物です。筆者たちのような浅学の者がまともに読みとおすには、たいへんな労力と時間を要します。ある教官が講義のなかで、「『戦争論』は、なぜ難しいのか」という論点で話してくれたほどです。

その講義によると、『戦争論』は、クラウゼヴィッツが当時まだ確立していなかった新しい概念、具体的にはナポレオン戦争以降の**新しいパラダイム**を描こうと試みたものであるからこそ、現代を生きる私たちにとってはたいへん難しく感じてしまう、とのことでした。

パラダイムというのは、その時代に支配的なものの見方のことです。パラダイムの概念は、アメリカの科学史家トーマス・クーンによって自然科学の文脈のなかで提唱されたものですが、今日ではこれが拡大解釈され、社会科学の領域でもしきりに用いられるようになっています。

この見解を学んで以降、新聞、雑誌、本や論文など何かを読んだり、誰かの話を聞いたりするときには、著者や発言者のものの見方や視点、その背景などにも注意をはらわなければならないことを頭におくようになりました。

また、クラウゼヴィッツ『戦争論』を学ぶ際に、教官がすすめてくれたのが、マイケル・ハワードとピーター・パレットという、英米の著名な戦争史家が編者となっている、英訳版『戦争論』（*On War*）をあわせて読むことです。この英訳版には、ハワードとパレットに加え、アメリカの国際政治学者バーナード・ブロディによる解説論文が計三本掲載されており、本文を読む前に、この三本の論文とブロディがつけたコメンタリー（注釈）に目を通すことを強くすすめられました。

さらに、その講義では、『戦争論』を理解するための前段階として、ピーター・パレット『クラウゼヴィッツ――『戦争論』の誕生』をメインテキストとして用い、クラウゼヴィッツについて学びました。具体的には、ナポレオン戦争を題材に図上演習をおこなうなど、とてもエキサイティングな授業が展開されていました。

豊富な知識と明快な論理、そして圧倒的な実務経験に裏打ちされたこの教官の講義を、筆者たちは運よく三年間も受けることができました。そこで、戦争論はもちろん、戦争史、とりわけナポレオン戦争と南北戦争に並々ならぬ興味をいだくこととなったのです。

さて戦争は、兵士や民間人をとわず多くの人命を奪い、時として都市と文化に大きな破壊をもたらします。歴史をひもとけば、政治的目的を達成するための手段としての戦争が、その目的となる価値以上の損害を生みだしたというケースが少なくありません。つまり、力ずくで何かをすると、そのツケはなかなか高くついてきたということです。

それにもかかわらず、古代から現代にいたるまで、人類は戦争を続けてきました。おそらく古代ギリシア人のなかにだって、戦争に心から反対していた市民はすくなからずいたことでしょう。ペルシア戦争の時代から数えてみても、約二五〇〇年のあいだに、これほど文明が発達してきた一方で、人類は戦争をなくすことができていません。

「なんとなく」からの脱却

かつては筆者たちも、「そもそも、対立なんてしてないで、世界じゅうの人々が仲よくしていれば、戦争なんて起こらないんじゃないか」と考えていました。実際、小学生のころ、そのような内容の作文も書きました。他の子供たちと同じように、国の指導者たちが友好的でありさえすれば、平和は簡単に実現するんじゃないかと考えていました。

しかし、大人になって、世界はちっとも平和にならないことを知ります。テレビや報道写真では、戦火に逃げまどう難民の姿がくりかえし映しだされました。

そんな経験のなかで、自分たちの考え方も当然変わってきます。「どうやら、違う国の人間どうしは、そもそも簡単に仲よくなんてできないものなんだ」というわけです。しかし、それですら、小学生のときの考え方の延長線上でしかありませんでした。さらに、その程度でなんとなく世界を理解したつもりになっていました。

そんな世界に対する、「なんとなく」の、あいまいな理解を完膚《かんぷ》なきまでに打ち砕《くだ》いてくれたのが、防大二学年時に受講した、国際政治学の概論を学ぶ講義でした。

その講義を担当していた教官は、ことあるごとに、ある言葉を口にしました。それが、「国際社会はアナーキー」というものです。その言葉がどういう意味かは後述しますが、アナーキーこそが、終わりのない対立を生みだす世界の基本構造、つまり「しくみ」でもあるというわけです。

その担当教官は、国際関係論を専攻することになった駆けだしの学生たちに対し、この世界との向きあい方をわかりやすく、たくみに解説してくれました。基本となる理論や概念を押さえつつも、教官自身が参加した最新の国際会議で得た情報なども講義に織りこむことで、学生たちがそのとき気になっている世界情勢のナマの動向に、アクセスできるように導いてくれました。

また、この講義のリーディング・アサインメント（読書課題）のなかでも、とりわけ『安全保障学入門』は、防大国際関係学科学生のバイブル的な位置づけにあるものです。防大を代表する教官陣が世界の最新研究をふまえて執筆したこのテキストには、安全保障や国際関係を考えていくにあたって、必要になる論点や概念が網羅されています。そして、かなりレベルの高い入門書でもあり、いまでも読むたびに新しい発見や理解を得ることができます。

さてこれから、時に戦争にまで発展してしまう国家間の対立を生みだす世界のしくみ、その本質ともいうべきものについて、考えていきましょう。

自分のことは、自分で守れ

国家と国際社会

世界は、「国家」という単位で構成されています。現在、世界には一九五カ国の国家が存在します。このように多くの国が存在しているということは、何を意味しているのでしょうか。

連綿と続く人類の歴史において、交通手段や通信技術の発達は、国家間における人や物、お金や情報が流れるスピードを促進してきました。これにともない、国家と国家のあいだには、それまでになかったような新しい関係が生じます。これが、「**国際関係**」（**International Relations**）です。

国境を越えた個人と個人のあいだに見られる経済的な取引、文化的な交流などにおいては、政治的なことがらが問題になることは少ないように思われます。しかし、国家単位での経済的あるいは文化的な関係に目を転じますと、そこにはかならずといっていいほど政治的な問題がからんでくることに気づくでしょう。国際関係と政治は、切っても切れない、深い関係にあります。

そこで、国家間の利害を調整し、相互の協力を確保しようとするのが、「**国際政治**」(International Politics)です。政治学では、「**政治とは、希少価値の権威的配分である**」という、アメリカの政治学者デイビッド・イーストンの定義が広く受けいれられているのですが、国家間において、資源、お金、食糧などといった「限りある価値」をいかにして「配分」するかをとり決めることこそが、国際政治の目的といってもよいでしょう。

どの国家も、自国の利益が最大化されるようにしたいものです。しかし、国家が追求する価値の多くは、「**ゼロ・サム**」の関係です。つまり、一**方**が**利益**を**得れば**、**その分だけ他方は損失を受ける関係**にあります。その結果、国際政治の現場は、対立と協調とが複雑にからみあいながら展開されていくことになります。

国際政治において、国家が目的を達成するための手段は二つしかありません。ひとつは外交、そしてもうひとつが戦争です。

外交は、各国家の首脳や外交官といった国家を代表する交渉人が、対話や取引を通じて目的を達成しようとする平和的な試みであり、対外政策のもっとも一般的で、かつ望ましい手段です。

外交によって自国の利益を実現するためには、他国の利益や立場を十分に尊重しなければなりません。国家が自国の利益を追求するために相互に協調する必要性が生じ、そこから形成されてきたのが、「**国際社会**」（**International Society**）です。

個人と個人の関係において、互いに協力しあわなければ自分の利益を守れないことから社会というものが形成されてきたように、国家間においても、互いに協調する必要性から、国家を単位とする社会が形成されるようになったのです。

ただし、国際社会の存在によって、ただちに戦争がなくなるわけではありません。戦争はつねに、政治目的を達成する外交以外の手段として、国家によっておこなわれてきました。

では、対立や紛争がそもそも生まれなければ、戦争は起こらないということなのでしょうか。その疑問を解くためには、国内社会と国際社会の違いについて見ていかなくてはなりません。

ホッブズのいう「自然状態」

日本には、国家全体を統治する中央政府が存在します。私たちはこの日本社会で、諸外国にくらべても、比較的豊かで安全な毎日を送っています。もし、日本に政府がなかったとしたら、どのような社会になっているでしょうか。簡単な思考実験をしてみます。

政府がないということは、社会のルールや安定を維持する公権力が存在しないということです。となればもちろん、犯罪をとりしまる警察機関も存在しません。無法地帯にかぎりなく近い社会といえるでしょう。

たとえ社会のルールを定めた法が存在したとしても、公的な法執行機関がなければ、法を守るかどうかは、各人の価値観や規範、モラルなどにゆだねられてしまいます。破っても罰則のないルールを、はたしてどれほどの人が守るかもわかりません。すべての生徒が校則を守ってくれれば、学校の先生も苦労はしませんね。

イギリスの哲学者トマス・ホッブズは、このようななんでもありの社会を「自然状態」であると位置づけました。そして、この自然状態を「規範的無」であると、とらえています。ようするに、なんでもありの社会に生きる人間に、規範（「～すべきである」という考え）は存在しないということです。

ホッブズのいう「自然状態」は、自然豊かな牧草地で牛がモーモー鳴いているような、のほほんとしたイメージではありません。むしろ、それとは対極にあるような、殺伐《さつばつ》としてドロドロした血なまぐさい世界でしょう。『北斗の拳《けん》』という漫画がありますが、あのように無法者たちが群雄割拠《ぐんゆうかっきょ》する、血みどろの世界をイメージしてみてください。

ホッブズいわく、「人間は本質的に利己的であり、自己の欲求の充足を求めて闘争する生きもの」であるそうです。個人は、自己保全のためにあらゆるものを利用する権利である「自然権」を持っているために、自然状態は「**万人の万人に対する闘争**」を引きおこす、というのがホッブズの主張です。

その世界観に立てば、人間は本質的に、戦い、争い、奪いあう生きものなのです。とりあえず日本に政府があってよかったというのが、正直な感想です。

残念ながら、誰も助けてくれない

では、国際社会に目を向けてみましょう。

国際社会は、建て前上は平等である複数の主権国家が併存する状況にあり、各主権国家よりも上位の権威（権力）である政府、いいかえれば「世界政府」が存在しません。つまり国際社会は、**アナーキー（無政府状態）**なのです。このように、秩序を強制する主体が存在しない国際社会は、ホッブズのいう「自然状態」にどことなく似ていませんか。

仮に、ある国家が自国の権利や利益を不当に侵害されたとしても、法執行機関としての「世界警察」が助けてくれることはありません。その国にとって死活的に重要な価値が他国によって強引に奪われたとしても、それを奪いかえしてくれる上位の主体は存在しません。

これが、日本の国内であれば、誰かに物品を盗まれたり、命をおびやかされたりした場合には、警察がそれをとりしまってくれるはずです。しかし、国際社会においては、各国家の上位の立場から警察のようにとりしまってくれるような権力はありません。そうです、誰も助けてくれないのです。

「いやいや、国際社会には、国際関係を規定する**国際法**（International Law）というものがちゃんと存在し、条約に批准《ひじゅん》した当事国には、それが適用されるはずじゃないか！」と思った方もいるでしょう。

たしかに、国際社会に秩序がまったくないというわけではありません。**国際法とは、条約、慣習国際法および法の一般原則から構成される、主として主権国家間の関係を規律する法**です。国家や国際機構は、これらにしたがって行動することが求められています。

しかし、最大の問題は、それでもなお、国際法を遵守《じゅんしゅ》しない国家は現実にあとをたたないということです。もちろん国際法も、国内法と同様に法的拘束力がともない、これを違反した国家に対して、原状回復、損害賠償、陳謝といった事後救済の義務が生じます。ですが、どこかの国家が国際法に違反したとしても、それらの義務や制裁措置を強制させるような国際的な法執行機関は存在しません。

また、国際社会には、国内社会のように客観的に事実を認定したり、違法かどうかを判断したり、法の適用をおこなったりする制度的保証も整っていないのです。

そのため国際法は、個々の国家に「**自衛権**」(Right of Self-Defense)というものを認めています。

つまり、国際関係というゲームのもとでは、いったい誰がルール違反かどうかを判定して、誰がペナルティを決めて、誰がペナルティの実行を違反者に強制するのかといえば、誰もいません。それではあまりに仕方がないので、最低限、自分の身は自分で守ることのできる権利だけは、はっきり認めておこうというわけです。これが、自衛権です。

以上が、国際法のもとでは、しばしば「結局、守られることはない」と指摘されるゆえんです。そんな国際法にも、ひとつの価値を見いだすとするならば、どんなときであれ、各国家は国際法の存在をわずかながらでも意識せざるをえないということでしょう。

ある国家が、国際法に違反していると非難された場合、その国家はまず、国際法を使って抗弁しようとするでしょう。たとえ国際法というものが、国家ごとに都合よく解釈されるものであったとしても、これは重要な事実です。実際、国際司法裁判所（ＩＣＪ）は多くの国際紛争をあつかっており、国際法は国際社会に一定の法秩序を提供しているといえます。

ですが、やはり国際法に国内法と同じレベルの機能を期待することは難しいので、現実的に考えれば、自国は自国で守らなければいけないということ結論に行きつくでしょう。

パワーを活用するのが、国家

「自分でどうにかする」って、どうやって？

国家というものは、最低限、自国でどうにかしなければならないという「自助」の必要性にぶつからざるをえません。国家にとって、その独立と生存こそが、もっとも基本的な「**国益**」(National Interest)のひとつであるといえます。たとえば、国際政治学や軍事学では、それをさして、**死活的な国益**(Vital National Interest)と呼んでいます。

そこで各国家は、その独立と生存という国益を追いもとめようとします。これが、いわゆる「**国家安全保障**」(National Security)です。

いまや耳にすることが多くなった安全保障という言葉には、万人に広く受けいれられた定義は存在しません。しかし、この言葉が使用されるとき、「**国家**が、**その独立**や**主権**、**領土**、**国民の生命や財産といった、かけがえのない価値を**、**外敵の脅威から**、**軍事力によって守る**」という意味でとらえるのが、もっとも伝統的な安全保障観といえるでしょう。

もし、国家が安全保障を確立できなければ、どのような事態になるでしょうか。他国による一方的な侵略を受けるかもしれません。あるいは、国民の生命や財産、領土や資源を力ずくで奪いとられるかもしれません。そうなれば、もはや国家は主権を保つことができなくなります。

つまり国家とは、この国際社会のなかに存在するかぎり、つねに**国益を追求する主体**であるといえます。**国益の追求とは、自国の損失を最小限にしながら、最大の利益を得られるように行動すること**です。

このため、各国家は、自国の「パワー」（Power）を最大限に活用し、発揮しようとします。ここでいうパワーとは、ざっくりとした意味での「力」と考えてください。

このパワーは、戦争と平和を語るうえで、非常に重要な概念です。本書においても、それがいったい何であるかを探しもとめていくことが主要なテーマとなります。

ネコとネズミは、どっちが強いか

国際社会の無政府性は、国家に自助の必要性をもたらし、その結果として独立と生存という国益を追求します。その手段として、パワーを使うという流れを確認してきました。

ここで重要なのは、**パワーとは、関係的かつ相対的なもの**だということです。つまり、**他国と自国の関係のなかにおいてパワーは存在し、一見同じように見えるパワーでもケースによって効果は変動する**ということです。

パワーの基本的な概念から考えてみましょう。それはまず、**自分にとって望ましい結果を得るために、相手の行動に影響をおよぼす能力**と定義されます。具体的には、A国の行動がB国にある行動をとらせるように影響をおよぼしたとき、「A国はB国に対してパワーを行使した」という用い方をします。このように、パワーとは、関係的な概念です。

ですから、パワーは、けっして絶対的なものではありません。国際社会では、強力な軍事力や経済力をもつA国が、B国に対してはパワーを行使できたが、B国よりも軍事力や経済力の劣るC国に対してはパワーを行使できなかった、という事態がしばしば起こります。

かつて、第二次世界大戦で大きな勝利をおさめ、超大国の地位を築いていたアメリカが、ベトナム戦争では敗北しました。これは、北ベトナム軍とゲリラ部隊に対して、アメリカの軍事力の質や量が劣っていたわけではありません。かつて日本やドイツに効果を発揮したパワーが、ベトナムにはその効果を発揮できなかったのです。

一般的に、ネコはネズミに対して身体が大きく、腕力も強く、小さなネズミの強敵だと思われます。しかし、『トムとジェリー』という、ネコ（トム）とネズミ（ジェリー）が登場するアニメーションでは、ジェリーにとって、トムの身体の大きさも、腕力もまったく脅威とはなっていません。ジェリーがくぐることのできる壁の小さな穴を、トムはくぐることができない、というようなシーンが軽快に続きます。

このとき、トムのパワーが、ジェリーに対しては効果を発揮しておらず、かえってジェリーのパワーが、トムに対して効果を発揮しているといえます。ジェリーのパワーが何であるかを考えることは、たいへん興味深いものです。

つまり、パワーというものを、絶対的、客観的に計測することは難しいのです。パワーが関係的、相対的な概念であるというのは、このような理由からです。

つまりは、力をかしこく使ったもん勝ち

パワーは、「ハードパワー」(Hard Power)と「ソフトパワー」(Soft Power)の二つに分けて考えることができます。ハードパワーは、**自らが望むことを外発的に相手がおこなうよう、直接行使されるパワー**であり、一方のソフトパワーは、**自らが望むことを内発的に相手も望んでおこなうよう、間接行使されるパワー**をいいます。

ハードパワーの具体例は、軍事力というムチで脅《おど》したり、経済力(経済援助など)というアメで誘惑したりして、相手国の行動に直接影響を与えることなどがあげられるでしょう。

一方で、ソフトパワーの具体例としては、文化や価値観の魅力や信頼、説得といったものが相手国やその国民を感化し、間接的に影響を与えることとされています。つまり、「相手国に好かれること」、「相手国民に好かれること」も、大きなパワーなの

です。

ここで注意すべきは、外発的か内発的かの違いによって、軍事力や経済力がソフトパワーの要素にもなりえますし、文化や価値観の魅力がハードパワーの要素にもなりうるということです。ですから、「文化＝ソフトパワー」というように簡単にくくることはできません。他国に軍隊を派遣して、救助活動や民生支援を効果的におこなうことで、その軍事力が国家の魅力を大幅に高めることもできるわけです。

日本でもよく知られ、たびたび来日する、国際政治学者ジョセフ・ナイは、近年、ハードパワーとソフトパワーを状況に応じてうまく組みあわせて行使する、「**スマートパワー**」（**Smart Power**）を提唱しています。「パワーは、かしこく使ったもん勝ち」といっているのです。

ところで、かしこく使うといっても、そもそもパワーじたいが小さければ限界があるはずです。パワーは相対的であって、絶対的な概念ではないとしても、この地球上には、パワーの強い国家と弱い国家が存在することは、明白な事実です。アメリカと太平洋に浮かぶ名前もよく聞いたことがないような小さな島国とを比較して、どちらのパワーが大きいかは、そもそも精密な論証をするまでもなく、アメリカのほうが強力なパワーを有していると直感的に理解できると思います。

それでは、そのような国家のパワーの大小をあるていど決定づける中身、つまり、それを構成している要素とは何なのでしょうか。

モーゲンソーが示した九つのパワー

人間におけるパワーの要素といえば、腕力や経済力、ルックス、社会的地位、会話力、人柄などといったところが浮かぶと思います。これが、人間力です。一方、国家におけるパワーは、**国力**（National Power）といわれます。

この国力を九つに分類して提示した人がいました。アメリカのもっとも代表的な国際政治学者とされるハンス・モーゲンソー（一九〇四－八〇）です。

国際政治学の現実主義的研究の泰斗《たいと》と呼ばれる彼は、ドイツのユダヤ系の家庭に生まれ、ミュンヘン大学やベルリン大学で法律学や哲学をおさめました。そして、弁護士として実務にたずさわったのち、ジュネーヴ大学で本格的な政治学研究の道に進みます。しかし、ドイツでナチスが政権をとると、その迫害を恐れ一九三七年にアメリカへと亡命しました。大戦後には、シカゴ大学政治学教授をつとめ、アメリカ国務省や国防省の顧問としても活躍しました。

モーゲンソーは、その古典的名著『国際政治』のなかで、国力の要素として、(1)**地理**(**国土の広さや位置など**)、(2)**天然資源**、(3)**工業力**、(4)**軍備**、(5)**人口**、(6)**国民性**、(7)**国民の士気**、(8)**外交の質**、(9)**政府の質**の九つをあげました。これらの要素が相互に連関しあって総合されたものが、総合的な国力だというわけです。

しかし、忘れてはならないのが、これらの要素はつねに連関しあっているという点です。また、これらの総合物もたんなる数字の集積をもって、正確に数値化することはできません。あくまでも、国力そして、国家間の力関係を考えるうえでの有益な参考になるということでしょう。これがすべてではありませんが、実際の国家間のかけひきや外交交渉も、こういった要素を分析し、弱点や力関係を利用しておこなわれています。

それでは、九つの要素を見ていきましょう。

（1）地理

軍人は、地理的思考を重視する傾向が強いといわれています。作戦を実行していくうえで、現実に安定して存在している地理という条件こそ、かならずその作戦遂行に影響を与えてくるからです。

モーゲンソーもまた、地理という要素、とくに海洋の存在や国土の規模、国境をへだてる山脈や河川、そして位置に注目しています。国力を考えるにあたって、地理という要素は、安定した重要性を持っているのです。

たとえば、日本を例に考えてみると、その国土は四方を海に囲まれた島国であり、アジアの大陸から分離しているという地理的実態を持っています。正確にいえば、氷河期には大陸と陸続きだった過去があり、いまも地殻変動という視点で見れば、すこしずつ動いていています。しかし、あまりにも長期的な条件を抜きにすれば、過去、現在、未来にわたって、日本は島国であるという現実は変わりません。

この「島国である」という現実は、永続的に、日本や、日本と関係する諸外国の行動に影響を与えつづけることを意味します。

日本にとって歴史的に、海とは、外敵から身を守る天然の防壁でありつづけてきました。現代においても、やはりこの現実は変わりません。日本の国土を侵略しようとしても、兵隊を送るには、船か飛行機かの輸送手段を使用する必要があるからです。これが、日本の長い歴史のなかで、アメリカの占領期をのぞいて、独立を保ってきた大きな要因であったことは否定できません。

一方で、日本にとっての海は、海外との交易の道でもあります。海外との交易にも、船舶、飛行機の輸送手段は欠かせません。とくに石油や天然ガスといったエネルギーに加え、鉄や銅などの鉱物資源の輸入には、大型タンカーが使用されます。この海上輸送のために、トラックや鉄道を用いるのとくらべても、多くの費用や時間をついやさなくてはなりません。たとえ移動手段や通信技術がいちじるしく発達した現代といえども、地理は一定の影響を持ちつづけています。

海という視点で考えて、日本と同じような地理的条件にある国といえば、まずイギリスがあげられるでしょう。イギリスが、ヨーロッパという大陸から直接国境を接することなく、海によってへだてられてきたという事実は、この国の歴史にはかりしれない影響を与えてきたはずです。アメリカもまた、この国のルーツであるヨーロッパと、大西洋という巨大な空間でへだてられてきたことによって、ヨーロッパの影響からは独立した、確かな地位を築《きず》くことができました。

それでは、日本のように国土の狭い島国と違って、国土の広い大陸国ならば、その地理はどのように影響するのでしょうか。

広大な国土を持つ国家が、外敵の侵入を受けるとき、しばしばその国土の広さが外敵を屈服させてきました。たとえばロシアは、ナポレオンのフランス軍やヒトラーのドイツ軍による侵略に対して、国土を荒廃させながらも、奥深くにまで誘いこみ、補給を困難にさせ、最終的に打ち破ってきました。日中戦争における中国の場合も同様に、日本軍の攻撃の勢いを、その国土の広さによって減退させることができたといえるでしょう。

しかし、多くの周辺国家と直接的に国境を接するという事実は、海洋国とくらべものにならないほど、外敵の急な侵入に対して脅威をいだくことを意味します。また、小国であれば、その国土はたびたび蹂躙《じゅうりん》されることとなります。当然のことながら、そのような不安は、その国家の対外政策にもあらわれることになります。

では、島国か内陸国かという視点や、国土の広さという視点の他に、地理的な「位置」という視点を重視すると、どうでしょうか。

進化生物学などを専門とする、アメリカのジャレド・ダイアモンドは、文明の発展と地理的位置の関係をマクロ的な視点から考察しました。彼は、その著書『銃・病原菌・鉄』のなかで、西欧文明が他の文明よりも早く発展できた根本的要因には、文明がはぐくまれた地理的位置の優位があったと考えたのです。

その考察が正しければ、地理的位置とは、どれほど重要な要素かということになるでしょう。

たとえば東南アジアのシンガポールは、国土面積が日本の琵琶湖ほどの大きさしかなく、人口も少ない、いわば小国です。しかしこの国が、大規模な経済発展を実現し、国際的にも大きな影響力を持つようになったのは、その要因のひとつとして、東南アジアのほぼ中心に位置しているという恵まれた地理環境があったからです。物流・空運のグローバルな拠点としての機能を果たし、地理的優位性から、世界中の多国籍企業が、こぞってアジアの拠点をおくようになったからです。

さらに、インドの経済発展には、アメリカのちょうど裏側に位置し、約一二時間の時差を持つという地理的関係が関連していると考えられています。アメリカのさまざまな産業における二四時間体制を実現するため、インドのＢＰＯ（ビジネス・プロセス・アウトソーシング）産業が、その業務を委託されることによって、発展したからです。

『大国の興亡』の著書で知られる、イギリスの歴史家ポール・ケネディは、イギリスのシティが世界の金融センターでありつづける理由を、やはり地理の観点から説明しています。すなわち、世界の商取引の比重が大きい北半球で、取引が開始される午前中にアジア市場と重なり、午後には北米市場と重なる絶妙な位置にあるからだというわけです。

以上のように、その国が持つ地理が、軍事的にも、経済的にも、国力に影響を与えています。

(2) 天然資源

モーゲンソーは、天然資源について、食糧自給、エネルギー資源や鉱物資源、各種原料などといった要素に分類して考察しました。

基本的に、自国の国民をすべてまかなえるだけの食糧を自給自足できる国家は、できない国家とくらべて、安定した国力を持っているといえます。自給が不可能な国家は、貿易によって食糧を輸入しなければいけません。十分に輸入できるほど経済が豊かでない国家は、つねに飢餓《きが》の不安に悩まされ、いざとなれば他国の支援に頼るはめになります。

食糧に関連して、近年では水資源という視点も注目されます。人類の生存にとって「飲める水」を確保するというのは、死活的な問題です。気候変動に加え、工業汚染、森林の乱伐《らんばつ》といった人間の活動が、世界各地で淡水を枯渇《こかつ》させ、その価値をいっそう高めるようになりました。飲料水に関して、持てる国、持たざる国、あるいは確保しようとする国のあいだで世界的な課題をつくりあげています。

また、エネルギー資源の自給は、経済や軍事の両面において、高いレベルの優位を築くことができることを意味しています。石油は、発電や石油製品、船舶や飛行機など、国家の産業や生活基盤を支える生命線でありつづけてきました。「石油の一滴は血の一滴である」とは、第一次世界大戦を戦ったフランスの首相クレマンソーの言葉です。

アメリカやロシアは、石油や天然ガスを自給し、他国にも輸出することができます。近年注目される、アメリカのシェールガスは、アメリカ経済を活性化させるだけでなく、さらにその国際的な地位を維持するという点においても重要な可能性を期待されています。これとは逆に、エネルギー資源を自給できない国は、それを輸入に頼らざるをえません。その安定供給は、自国の国力の持続と発展に、かなり重要な役割を果たしています。

さらに、鉄や銅に加えて、高度な技術開発に欠かすことができないレアメタルといった鉱物資源も、重要な要素でしょう。

日本は、天然資源という点において、脆弱《ぜいじやく》きわまりない状況にあります。農林水産省の発表によれば、日本の食糧自給率は、平成二四年度の時点で三九パーセントと、先進国のなかでは最低水準といわれています。これは、日本人の食生活の変化や活発な外食・食品産業の増加などといった要因を考慮に入れたとしても、かなり危険な水準といえます。

そして、一見自給率一〇〇パーセントと思われる米であっても、それをつくる農機具は鉄であり、それを動かすのは石油です。そういった鉱物やエネルギーも日本は自給できませんから、天然資源の輸入に見あったレベルの輸出がつねに必要になってきます。

ちなみに最近では、原発に頼ることができなくなったという背景から、天然ガスや石油の輸入が増加し、貿易収支の赤字が続いています。天然資源の安定確保という点に、日本の国力の最大の弱点があるといってよいでしょう。しかし、豊かな水に恵まれているという視点から見れば、まだ幸運なのかもしれません。

(3) 工業力

これは、広義には経済力ともいえるものですが、モーゲンソーがあえて工業力としたのは、経済力、そして軍事力が、すべてこの工業力を土台にしたものであるからだと考えられます。

モーゲンソーによれば、工業力は、工業施設の質および生産能力、勤労者の知識、技術者の技能、科学者の発明能力や高度な管理組織などによって支えられるとしています。

いくら豊富な天然資源を持っていても、鉱物資源を飛行機に変えるような、高度に洗練された工業力を持っていなければ、有効な国力に変換することはできません。また、近年の情報通信技術やコンピューターの飛躍的発展は、情報工学の重要性も高めています。軍事力は、最新の兵器や技術によって支えられていますから、これを質量ともに維持するにも工業力が必要です。

そして、経済の発展に欠かすことのできない、最新のイノベーション（技術革新）もまた、工業力という基礎に支えられています。

(4) 軍備

軍備、あるいは軍事力に関しては、第二章において詳しく考えていきましょう。ここでは、モーゲンソーのいう国力に寄与する軍備について紹介します。

モーゲンソーは国力に影響を与える軍備として、「技術革新への対応」、「軍事的リーダーシップ」、「軍隊の量・質ともに適正規模であること」の三点をあげています。

第二次世界大戦において、日本とドイツは、航空戦力と陸海戦力の統合運用を可能にする革新的な軍備を整えることによって、開戦当初の勝利を手にしました。まさにそれが、真珠湾攻撃の成功やフランスの降伏を可能にしたのです。

その一方で、大戦前夜のフランスは、戦車や航空機を使った機動戦を軽視する傾向にありました。のちのフランス大統領になるシャルル・ド・ゴールは当時、陸軍の大佐で、軍の機械化や近代化をさかんに建議《けんぎ》していました。しかし、陸軍上層部はこれをしりぞけ、ドイツとの国境に、マジノ線という固定された巨大要塞《ようさい》を建設します。

通信技術・輸送技術の発展など、戦争の機動戦闘が現実になりつつあるなかで、フランスは第一次世界大戦の塹壕《ざんごう》戦の戦術思想から抜けだせていなかったのです。それが結局、ドイツ軍の電撃戦を前にして、大きな敗北へとつながってしまいます。

ちなみに、ド・ゴールはフランス降伏時、イギリスへとのがれ、亡命政府自由フランスを結成し、フランス国民に抵抗を呼びかけます。自身も、自由フランス軍を率い、北アフリカ戦線で戦い、同時にフランスのレジスタンス活動を指揮しました。

この一連のリーダーシップが、第二次世界大戦における戦勝国としてのフランスの地位につながります。モーゲンソーのいう、国力に影響を与える軍事的リーダーシップの最たるものが、ド・ゴールのリーダーシップにも見ることができるのではないでしょうか。

ド・ゴールの著書であり、リーダーシップや戦術、理想的軍人像を語った『剣《つるぎ》の刃《やいば》』は、彼の考え方に触れることができる世界的名著です。これは、防大で教官からすすめられ、筆者たちが出会った書籍のなかでも、とくに強い印象を残すものでした。

結局のところ、国家は、技術革新や国際関係、危機の程度、そして財政や資源などの余力といった現実をふまえて、軍備を整えなければなりません。たんに大規模な陸軍兵力を持てば国力に寄与するわけではなく、だからといって、最新技術に対応した少数の兵力を持っていれば十分というわけではないということです。その時代に即した「適正な規模とは何か」という問いかけを、つねにおこなっていかなければならないのです。

アメリカの場合、ＱＤＲ（Quadrennial Defense Review：四年ごとの国防計画見直し）という形で、定期的に国防方針を改定し、軍備を整えています。

また日本では、中期防衛力整備計画（中期防）として、五年ごとに防衛力の見直しがはかられていますが、我が国周辺の安全保障環境の変化にともない、五年を待たずに廃止され、新しい中期防が作成されることもしばしばあります。

(5) 人口

人口は、ただ多いだけで国力に寄与するわけではないことは、直感的にもわかります。発展途上国における人口増加は、食糧供給の問題を引きおこしています。それがつねに、国家の資源や経済力に見あったものでなければ、かえって国家財政や国民生活の破綻《はたん》をまねいてしまいます。一九七九年から中国で講じられていた「ひとりっ子政策」も、人口抑制策の一例でした。

しかし同時に、一定の人口規模を維持できなければ、国内の工業力や軍備を維持することはできなくなります。

日本では、戦後三年目（一九四八年）の段階で八〇〇〇万人を超える人口があり、以後も安定してその数を増加させてきました。この豊かな人口が、戦後復興を生み、これに続く高度経済成長を実現させ、世界有数の経済大国の地位を築くことができた一因であることは明らかです。

もちろん、日本をふくめ、先進諸国を悩ませている高齢社会という現実は、人口動態に注意する必要性を示しています。このままいけば、日本も本格的な人口減少の時代に入ります。国家の基礎が、どこまでも人間にあることをかんがみれば、人口と国力の関係は、もっとも大きな課題であるかもしれません。

(6) 国民性

国家や地域によって、文化や風習、考え方といったものが大きく違ってくることは当然です。しかし、違いがあることがわかっているとしても、国民性とは非常にとらえがたい概念であり、ある意味で直感的なものでもあります。そこに定義のようなものを見いだすのは、現実的に不可能です。

その一方で、なぜか私たちは、日本人らしさ、アメリカ人らしさ、中国人らしさといったイメージを形づくってしまいがちです。それがある種の誤解を生みだしてしまうこともしばしばです。

一般的に日本人は、勤勉で、礼儀正しく、感情を表に出すことは少ないといわれています。そんな国民性はジョークのネタになり、日本人の妙にまわりに同調してしまう性格や、イタリア人のいいかげんさ、ドイツ人の誇張された生真面目《きまじめ》さといったものは、よく知られています。

これに対し、「人間なんて人それぞれ、その性格も個人的なものだ。生真面目なイタリア人、いいかげんなドイツ人もいる」という見方は、もっともです。国民性はたしかに一面的なものです。

しかし仮に、ある国家の国民性はすぐれていると、他国から「思われている」ならば、それは国力の要素になりうるということなのです。

東日本大震災において、海外メディアは、日本人が地震に際しても、秩序正しく行動できていたことをさかんに称賛していました。諸外国は、このような姿を日本人の国民性のひとつととらえていたのです。だから、日本の潜在力はきわめて高いと論じるメディアもありました。

無形の国民性というものが、国力にどのようにかかわっているかは、正確にはわかりません。しかし、確実に存在しているといえます。

(7) 国民の士気

モーゲンソーは、国民の士気を、国民が平時、有事をとわず、政府の対外政策を支持しようとする決意の程度であると定義しています。

この国民の士気がなければ、国力もたんなる物質的力、あるいは実現を待つしかない潜在力にすぎないと彼は主張します。

とくに危機に対処しようとするとき、あるいは国家存亡がかかっているときなどで、国民の士気は試されることになります。これは、民主主義や専制主義の政治においても変わることはありません。そして、この国民の士気は、もっとも不安定な要素でもあるのです。

政府がその政策を効果的に推《お》しすすめるためには、つねに世論の支持がなければなりません。ましてや戦争という状況になれば、国民の協力は当然のごとく必要になります。ここで、もし政府が誤った政策を選び、国家と国民に無益な損害を与えるようなことがあれば、国民の士気を望むことなど不可能です。そのような国家は早晩、崩壊することになります。

独裁や専制政治のもとにある国家は、国民の士気を、暴力や不正手段、国家や権力の神格化によって喚起《かんき》しようとします。しかし、民主主義国家において、このような行為は許されるものではありません。モーゲンソーは、「分別と責任ある政府」と「民衆の影響力」のあいだの自由な相互作用を通じて、国民の士気が達成されなければばならないとしています。

この先、日本が外国の攻撃を受けたとき、私たち国民は、祖国を守りきるという士気を維持することができるでしょうか。そのとき、同盟国であるアメリカ国民は、日本国民とともに戦うことを決意できるでしょうか。国力にある種の生命を与えることができるのは、国民の士気に他ならないのです。

(8) 外交の質

外交の質とは、国益にもっとも直接的に関連する国際状況のいろいろな問題に対して、国力のもろもろの要素を最大限有効に結びつけていく技術と定義されます。つまり、国力を現実にうまく使いこなしていく能力です。

たとえ広い国土や豊かな天然資源に恵まれていなくとも、最良の外交は、現存の国力の諸要素を最大限活用して、大きな国益を達成します。それは、国家が最大の窮《きゅう》地《ち》に立たされたときですら変わることはありません。

かつて、ワーテルローの決戦によって、長きにわたるナポレオン戦争が終結した一八一五年、敗戦国フランスの外相タレーランは、戦後の国際秩序再建をめざすウィーン会議に出席していました。

ここでタレーランは、オーストリア外相メッテルニヒやイギリス外相カースルレイといった並みいる戦勝国の代表たちを相手に、フランス革命以前の領土を死守することに成功します。そして、大国フランスとしての名誉も回復したのでした。

もちろんこの成果は、あくまで平和の回復と安定した国際秩序を望んだ、メッテルニヒやカースルレイの思惑《おもわく》と、うまく一致したからに他なりません。しかし、このような他国の利害関係を敏感に読みとり、フランスの国益につなげることができたタレーランの例は、外交の質を物語る古きよきケーススタディではないでしょうか。

ニクソン、フォードの両政権で国家安全保障問題担当大統領補佐官と国務長官をつとめたヘンリー・キッシンジャーは、その著書『回復された世界平和』のなかで、このときのウィーン体制の意義を考察しています。外交の質や現実的平和を考えるうえで、示唆にとむ古典的名著です。

（9）政府の質

良質な外交が、良質な政府の存在にかかっていることは明らかです。

モーゲンソーは、良質な政府の要件として、国力にもとづいた現実的でバランスのとれた対外政策をおこなえることに加えて、「1、国力の諸要素のバランスを保つことができること」、「2、国民の適切な士気を喚起できること」の二点をあげています。

1、国力の諸要素のバランスを保つことができること

ここまで見てきたように、国力は多様な要素によって構成されています。

しかし、たとえば国力増進を達成したいあまり、工業力のみの急速な強化をはかろうものなら、かならず他の要素に悪影響を与えるでしょう。これらの諸要素は、連関しあって国力を構成しているのであって、ひとつの要素をつまみだして重視することは危険なのです。

またモーゲンソーは、とくに偏狭《へんきょう》なナショナリズム、軍国主義などの危険性を指

摘しています。

偏狭なナショナリズムは、自国の国民性や民族を過大評価する誤解をまねき、他の国民や民族に対して人種的な優位性を持つという、根拠のない神格化につながってきました。こういったものが、しばしば不法な対外政策を自国民に対して正当化する理由づけになってきたのです。もちろん、国民性というものが国力の重大な要素であることは変わりません。しかし、これを間違った形で利用しようとすれば、国家の政策を誤ることになるでしょう。

軍国主義は、国力の物質的力を偏狭的に重視しようとする傾向です。ハードパワー一辺倒におちいり、国力は無形の要素によっても支えられていることを忘れてしまいます。国際社会において、物質的力だけで自国の意思を押しつけようとする行為は、求めずして多くの敵対国を生みだすことにつながります。

さらに、軍備のみをどこまでも追求しようとすれば、国力の他の要素の減退をまねき、国家の繁栄を危うくします。クラウゼヴィッツもまた、戦争に勝利をおさめるためには、政府・国民・軍隊の三つの要素の結びつきのなかで、うまくバランスが保たれている必要がある（いわゆる「三位一体」）と指摘しています。

かつてのドイツや日本の軍国主義が、多大なる犠牲をはらって失敗に終わったのは、歴史の大きな教訓といえるでしょう。

国力をあつかっていくには、つねに自制とバランス感覚がともなっていなければなりません。

2、国民の適切な士気を喚起できること

国家の対外政策について、世論の支持を得ることは非常に難しいとモーゲンソーも認めています。これが民主主義国家の政府であるならば、なおさらです。

モーゲンソーによれば、大衆とは、長期的国益よりも、短期的な成果に目が行きがちであり、国益を求める対外政策とは、しばしばぶつかる傾向にあるといわれています。彼は、そのようなときでも、政府、政治家は、自己の個人的・政治的利益ではなく、つねに普遍的な国益を追求する主体でなければならないと説いています。その前提に立ったうえで、政府が大衆に対して、強いリーダーシップを持たなければならないとしています。

ここで注目すべきが、第二次世界大戦後の日本の復興を実現させた、宰相吉田茂のリーダーシップです。敗戦のどん底から復興を遂《と》げ、今日の繁栄を得ることができたのは、そこに上質な政府の存在があったからなのではないでしょうか。

吉田は「戦争に負けて外交に勝った歴史もある」という有名な言葉を残しましたが、これは、フランスの名誉を守ったタレーランの外交の理想をさしているといわれています。

サンフランシスコでの講和で主権回復を達成し、冷戦下の西側陣営に参加する道を選んだ吉田は、アメリカと安全保障条約を締結することによって「軽軍備・経済重視」路線を確立し、必要最小限度の軍備である自衛隊を設立しました。

しかし、その過程では、世論や野党から多くの非難を受けます。そのすさまじさは現代の比ではありませんでした。

そんななか、当時のおそろしく減退した国力にもかかわらず、吉田は最善を尽くし、国益を達成したのです。まさにそれは、国力の諸要素を現実に即してバランスをとりながら復興させていく道でもありました。吉田の持つ、短期的利益と真の国益を見分けるセンスがうかがい知れるものだといえるでしょう。

以上のように、国力というものは、最終的に、良質な政府の有無にかかっているといえます。民主主義政体においては、つねに主権は国民にあり、政治家や政府もまた国民の代表によって構成されます。どうどうめぐりになるかもしれませんが、そういう意味では、国力とは、まさに国民からはじまるものなのです。

力さえあれば、よいのか

モーゲンソーの国力の九つの要素について見ましたが、もちろん、国力を構成する要素は九つにとどまらないという議論もありますし、わかりやすくGDPで計測しようとする研究もあります。さらに近年では、**文化**や**価値**がもたらす魅力や、**情報**なども、国力の要素として注目されています。

人によって国力の要素のとらえ方は違うと思いますが、おそらく、どんな分類においても共通するのが、**国力とは、連関しあった有形・無形の要素を総合したものだ**ということです。つまり、パワーの中身は見えるものがあれば、当然見えないものもたくさんあるのです。これらの要素によって、国力、すなわち国家のパワーは構成されます。

ここまで、パワーについて考えてきました。国家は、国益を追求するという目的で、手段としてのパワーを持ちます。もっとも重要な国益は、独立と生存です。これを追求するために、国家はパワーを使うのです。

しかし、**この手段としてのパワーは、たいてい目的そのものにとって代わってしまうというのが、国際政治の現実**です。

パワーを得ること、それじたいを国益とみなしてしまうのです。パワーで国益を獲得できるのならば、パワーの拡大を追求することで、必然的に国益を維持でき、さらにより多くの国益を得られようになるというのです。

アナーキーな世界における国家は、誰も助けてはくれないという状況のなかで、利己的にならざるをえず、パワーこそが自国を助けてくれると考えるようになります。

そこで他国と比べて、より大きなパワーを持とうとするために、自国のパワーを増強し、相手国のパワーの要素を奪ったりして、国家は互いに**パワー・ポリティクス（力の政治、権力政治）**の闘争をはじめます。国家は、なんであれ強くなることをめざします。

そして、相対的なパワーの向上を追求し、力関係で劣ることを恐れるように宿命づけられている世界のしくみこそが原因となり、国家間における利害対立が生みだされ、時に戦争にまで発展するのです。

ここまでが、世界に対立と争いごとが生じるしくみです。しかし、深刻な対立が生じても、戦争で解決しようとしなければ、世界の平和は保たれるはずです。どうにか話しあいで解決できないものでしょうか。

第二章　国家間の対立は、やはり話しあいで解決できない？

防大卒業生を前にして、「一級のミリタリーは、一級のシビリアンでもある」と語った塩野七生は、毛沢東の名言をふまえて次のような言葉も記している。

「戦争は血の流れる政治であり、外交は血の流れない戦争である」

話しあっても、うまくいかない！

誰だって、損な役まわりは、ごめんだ

ちょっと素朴な考え方をしてみましょう。人間社会において、いさかいやケンカがたえないように、国際社会においても、対立と紛争はたえません。さらに、アナーキーという世界のしくみは、この原因を生みだしつづけます。

国家よりも上位の権力が存在しない以上、国際社会には絶対的な権威を持った調停者は存在しません。そこで国家は、国家どうしで外交交渉をおこない、対話や説得、妥協などによって、争いごとを解決しようとします。もっとも、なかには交渉という選択肢をハナから考えておらず、武力で問題を解決しようとする国家も存在することを忘れてはいけません。

このため国家は、歴史を通じて、さまざまな外交に関する条約や慣習法をつくりあげてきました。しかし、相手よりも相対的により多くの利益を得ようとする国家の性

格から、そこにいたる交渉はしばしば難航するのが現実です。

いちばんわかりやすい例は、他国との領土問題でしょう。日本がいまだにかかえている、中国との尖閣諸島、韓国との竹島、ロシアとの北方四島など、いずれの問題を頭に浮かべてみても、それがいかに困難な話であるかがわかります。

領土を有するか有しないか、つまり、とるかとられるかという「ゼロ・サム」的な性格が、領土問題の本質なのです。それゆえ、どのケースも解決にいたることがたいへん困難です。

一方で、地球環境問題や核兵器の不拡散、国境を越えた犯罪のとりしまり、自由貿易ルールのさらなる進展など、一国の利害を超えた世界的な課題のために、多くの国家間の協調が必要になる場合が増えてきています。

TPP（Trans-Pacific Partnership：環太平洋パートナーシップ）の締結交渉においても、日本は、農業分野での大幅な譲歩を回避しつつ、逆に自国産業の強みを活かせる条件を模索しています。自由貿易の進展という国際的な利益と、自国の利益とのあいだで、いかにバランスのとれた、うまい落としどころを見つけるかが課題になっています。

つまり、温室効果ガス排出削減の目標設定に関する議論にせよ、ＴＰＰの妥協点に関する議論にせよ、交渉の席につく以上は、他国に比べて日本だけが損をしてはいけないと考えて臨んでいるわけです。

それは、相手国でも同様で、すべての国家の自発的な協力がなければ、解決できない課題であるということを頭のなかではわかっていながら、**個々の国家では、相対的な利益の大小がつねに意識されています。**損をするのは誰だって嫌ですからね。このように話しあいの外交には限界があるのです。

強制外交——脅《おど》しも一種のテクニック？

話しあいで簡単に解決ができないとなった場合、説得よりも脅迫や強要ぶくみの手段に頼ることがあります。つまり、ハードパワーを行使して解決をはかろうとします。みずからが妥協しつつ、対話でもって説得を続けるよりも、相手に一方的に譲歩してもらったほうが、確実に利益を得ることができると考えるのです。

これを「**強制外交**」（Coercive diplomacy）と呼びます。国連をとおして現在もおこなわれている、北朝鮮への経済制裁は、強制外交の一例といえます。ほかにもその例は、歴史のなかでいくつもあげることができます。

一九三一年の満州《まんしゅう》事変、三七年からの日中戦争を通して、日本は中国大陸に勢力を拡大していました。これを懸念《けねん》するアメリカは、日本軍の活動を停止させるために、三九年、日米通商航海条約の一方的な破棄を通告して圧力をかけはじめます。

それでも日本の譲歩が得られないと、四〇年に屑《くず》鉄と航空燃料の日本への輸出の停止を決め、さらに四一年には石油の全面禁輸を断行しました。当時の日本は、石油の多くをアメリカからの輸入に頼っており、石油がなければ大規模な軍事力を動かしつづけることは不可能でした。

つまりアメリカは、日本との経済関係を利用して、そのハードパワーを行使したのです。これが結局、日米開戦につながってしまいます。

やはり石油に関連する強制外交の例として、一九七三年の第四次中東戦争における中東産油諸国の石油政策があげられます。中東の産油国からなるアラブ石油輸出国機構（ＯＡＰＥＣ）が、イスラエルを牽制《けんせい》してエジプトやシリアを支援するため、イスラエル支持の国家に対する石油禁輸を発動します。また同時に、石油輸出国機構（OPEC）も原油価格の大幅値上げを決定します。

これは、日本でも第一次石油ショックとして記憶されているように、中東産の石油に頼る先進諸国に大きな打撃を与えました。結果として、第四次中東戦争におけるイスラエルの一方的な勝利を妨《さまた》げることにもつながりました。

近年では、二〇一〇年、尖閣諸島沖において中国漁船が海上保安庁の巡視船に衝突した事件で、中国政府が日本に対してレアアースの輸出を止めることで、日本政府に政治的圧力を加えました。

レアアースは、スマートフォンやハイブリッド自動車といった、ハイテク製品の製造に欠かせない材料です。この強制外交の背景には、日本で逮捕された中国漁船の船長を、すみやかに帰国させる意図があったと考えられます。

このように強制外交は、かならずしも軍事力で優位にある国家のみが選択するわけではありません。軍事力では劣っていたとしても、ある一面で相手国に優位なパワーがあれば、それを楯《たて》にして脅迫や強要を行使することができます。

とはいえ、脅迫や強要の一辺倒では、むしろ反発する国家が出てくることは自然のなりゆきともいえます。もっとも理想的な形は、外交交渉にソフトとハード両面のパワーをたくみに織《お》りまぜ、相手を説得し、スマートに目的を達成することです。

しかし、もはや交渉は難航し、どちらも譲ることができない、強制外交も効果がないとなったとき、国家は、より物理的なパワーである軍事力を、外交と戦争の両面で利用するところに行きつきます。

軍隊があれば、何ができるか

軍事力の四つの機能

国家が行使するパワーのなかで、とくに重要なものが軍事力です。

近代国家の軍事力は、主として**国家によって常備された軍隊**をさします。お金を支払って戦ってもらう傭兵《ようへい》集団や、武士や騎士といった、殿様や王様との主従関係によって行動する戦士集団とは違います。

軍隊は、主として兵士・将校・兵器からなっており、国家はこれに一定の基準を設け、つねに軍隊を整備・訓練し、必要があればすぐに動員・使用できるようにしているのです。

軍事力は、**戦争の存在を前提にして国家が所有する大規模な組織的暴力**であり、国家の主権・領土・国民を管理・運営する政府の力の裏づけでもあります。よって、暴力装置、あるいは国家と国民を守る最後の砦《とりで》とも表現されるとおりです。仮に国内でその軍隊が反乱を起こしたとしたら、これを物理的な力で止められる組織は、同じ国内には存在しません。

パワーとしての軍事力は、他国に向けて絶大な影響力を発揮します。それは、**他国の安全をおびやかし、現状を変更できる力**である一方で、**自国の安全を守り、現状を維持できる力**です。そして、その主要な機能には、①**強要**、②**抑止**、③**抵抗**、④**支援**の四つがあります。

軍事力の強要機能

この強要機能は、まさにハードパワー的性格が強いものです。軍事力を使用することで、相手に自分が望む結果を押しつけることができます。実際に戦争を起こして何かを得るだけでなく、実際に使用しなくとも、強大な軍事力の存在をアピールして相手を脅すことができます。つまり、**軍事力を利用した強制外交**もありえます。

ここに一丁の銃があるとしましょう。あなたはこの銃を使って、相手の手のなかにある富を奪いたい、そう考えるとき、方法は二つあります。ひとつは、銃で相手を撃って、そのまま相手の富を奪ってしまうことです。もうひとつは、相手に銃を突きつけて、「金を出せ」と脅し、奪いとってしまうことです。

逆に、あなたが富を奪われようとしたとき、この銃をどう使うでしょうか。今にも襲ってきそうな相手を撃ってそれを守ることができますし、引き金に指をかけて、「金を奪うのなら、撃つぞ」と相手を脅し、断念させることもできます。

軍事力の抑止機能

これはいわゆる、「**抑止力**」(deterrent) と呼ばれるものです。抑止は二とおりに分類できます。常日頃から他国の攻撃的行動に対して、強力な軍事力による大規模な報復を宣言することで、いつふりかかるかわからない攻撃を防止する形の抑止を懲罰的抑止 (deterrent by denial) といいます。もうひとつは、攻撃を意図する側の目的じたいが達成困難であると思わせる形の抑止で、これを拒否的抑止 (deterrence by punishment) といいます。

ただしこれには、**抑止する国家が軍事的報復の意思と能力を持ち、相手もこれを認識しておくこと**が重要です。攻撃した結果、大規模な反撃を受けたり、やったところで成功する可能性はほとんどないとわかっていれば、いったい誰が攻撃したいと思うでしょうか。

しかし抑止機能は、費用対効果の計算がしっかりできる相手でなければ成立しません。勝算をイチかバチかで見積もるような敵や、自爆テロのように刺しちがえる覚悟で挑《いど》んでくる敵には効果はありません。

軍事力の抵抗機能

これは、防衛力としての性格が強い機能で、「**拒否力**」(denial capability)とも呼ばれるものです。他国から攻撃を受けたり、脅しを受けたりしたとしても、その被害を最小限にとどめ、敵対国にできるかぎりの損害を与えることを目的にします。たとえ勝つことができなくとも、負けない戦争をすれば、相手国に高い代償を支払わせることができます。

こうした抵抗は、歴史のなかで何度も示されてきました。

日中戦争では、中国はけっして降伏をしませんでした。大陸の奥深くにまで日本軍を侵攻させ、兵站《へいたん》を引きのばし、ゲリラ戦などで攪乱《かくらん》する抵抗を続けたのです。その作戦は日本軍を消耗させ、中国大陸における日本軍の勢いを停滞させたばかりか、アメリカとの戦争をも苦しくさせました。

その結果、中国は、第二次世界大戦というグローバルな文脈のなかで、この戦争を位置づけたとき、連合国としての「最終的な勝利」を手にすることになります。個々の戦いを優位に展開できなくても、軍事力の抵抗機能をいかんなく発揮した例といえるでしょう。

また、一九四〇年七月から始まる、イギリスとドイツのブリテンの戦いも、まさにイギリスの抵抗機能が示された戦いです。第二次世界大戦の初戦において、ドイツは破竹の勢いで、ヨーロッパの周辺国を打ち破っていきました。フランスの前線でイギリス軍も敗退し、ダンケルクからイギリス本国への全面撤退を余儀《よぎ》なくされました。敗北感が立ちこめる状況のなか、当時の宰相ウィンストン・チャーチルは、つぎのような言葉で毅然《きぜん》とした抵抗の覚悟を示し、国民を鼓舞《こぶ》しました。

「われわれは、海岸で戦う。敵の上陸地点で戦う。野原や市街で戦う。丘陵で戦う。われわれは断じて降伏しない」

そしてイギリス軍は、強力な抵抗機能を整え、最新のレーダーを有効活用した本土防空戦で、ドイツ空軍に多大な損害を与えつづけます。最終的には、アメリカの支援と参戦を引きだし、抵抗戦を第二次世界大戦の勝利へとつなげることに成功します。

世界のほとんどの国家は、規模の大小はあれ、軍隊を保有しています。それはまず、この抵抗機能を期待しているからです。

我が国の自衛隊も、もともとは、この抵抗機能の保持を目的に設立され、日米安全保障条約によって日本国内に配備されたアメリカ軍が抑止機能を果たしてきました。現在では、抵抗機能に加え、自衛隊単体、そしてアメリカ軍との有機的な相互運用による抑止機能も重視するようになっています。

軍事力の支援機能

軍隊は、何も戦争をおこなうばかりではありません。大きな自然災害などが起きたときにも、厳しい環境のなかでも継続して機能できる組織行動力をぞんぶんに活《い》かすことができます。

災害時の救助活動や医療支援、物資輸送などは、その一例です。警察がうまく活動できていない環境では、治安維持を担うことができます。また、戦争や内戦で破壊された土地では、道路などのインフラをつくり、地雷や不発弾の除去をおこないます。

これらが、軍事力の支援機能です。

さらに、支援を目的とした他国への軍隊の派遣は、ソフトパワー的な性格が強いものといえます。二〇一一年の東日本大震災においては、自衛隊による救助活動もさることながら、アメリカ軍のトモダチ作戦による、一連の災害支援活動が記憶に新しいでしょう。このときのアメリカ軍の活躍は、日本人のアメリカに対する好感度を上昇させる役目を果たしました。

日本の自衛隊も、海外での後方支援や災害支援を重要な任務としています。ＰＫＯでの活躍や、アデン湾における対海賊活動は、世界のなかでの日本の魅力や地位を確実に向上させていると考えられます。

こういったソフトパワーの行使を欠かすことができません。

現状不満足の国には、要注意？

以上、四つの機能を背景にして、国家は軍事力を保有し、**主として国際関係の現状維持か、現状変更のために活用します。**

つまり、国家によっては、現状を維持したほうが国益にかなうか、いっそ変化が起きた（変化を起こした）ほうが国益を得られるかについて、さまざまな思惑《おもわく》の違いがあるということです。

現状維持国は、その時点の国際関係の状態を維持しようとする国家をさします。具体的には、軍事力で抑止と抵抗の二つの機能を発揮させることによって、国家間の戦争が起きないように努力します。戦争で損害をこうむるくらいなら、現状維持でよいと考えているのです。その代わりに、外交交渉を主体にして、対立や問題の解決をめざし、パワーを経済発展などの国益追求にふりわけます。

一方の**現状変更国**は、その時点の国際関係のなかにある自国の立場に不満を持っており、これを変更しようとします。もちろん、平和的に現状を変更しようとする国家もあります。しかし、外交交渉で成果を出せないなら、戦争をも辞さないという姿勢を示す国家が存在するのは、確かでしょう。目的や理由はさまざまですが、隣国の領土や資源を、軍事力の強要機能でもって奪いとろうといった行動に出ることもあります。いわゆる「**力による現状変更**」です。

いつの時代も、潜在的な現状変更国は存在しています。第二次世界大戦は、ドイツが勢力圏拡大を目的にポーランドへ侵攻したことで起こり、朝鮮戦争は、北朝鮮が朝鮮半島統一を目的に韓国へ侵攻したことで起こったのです。どちらも、現状変更を意図した国家が戦争を引きおこしたケースです。

世界には、現状維持国か、現状変更国という二種類の国しかありません。

日本は、いまのところ現状維持国です。現状が維持されることで、国家の繁栄が保たれると考えています。しかし、世界は現状維持国ばかりではありません。周辺の現状変更国がどこであるかを認識し、もしものときの場合に備え、軍事力を保有して、最低限の安全保障を確保しておくことは、たいへん重要なのです。

同盟を結べば、とりあえず安心？

同盟って、何だろう？

有事に備え、十分な軍事力をたくわえておくといっても、ただ自国の軍事力を増強しつづける、いわゆる軍拡だけでは限界があります。よって、合理的な選択肢のひとつとして、「**同盟**」(alliance)政策が考えられます。「**敵の敵は味方**」(The enemy of my enemy is my friend)は、いまもって国際政治の原理・原則とされているからです。

アメリカの国際政治学者グレン・スナイダーは、この同盟について、「**特定の状況下における、構成国以外の国に対する軍事力の行使**(または不行使)**のための諸国家の公式の結びつき**」であると定義しました。

また、「**脅威の均衡**」論(国家の同盟行動は、国家が他国から感じる脅威によって決まるという理論)を展開した、アメリカの国際政治学者スティーヴン・ウォルトは、「**各構成国のパワー、安全保障、影響力を増大させることを意図した、複数国間における安全保障協力のための公式の約束**」というように、同盟をより広く定義しています。

もちろん、現代の同盟という名の安全保障協力関係は、有事の際の軍事力にかぎったものではないことに留意すべきでしょう。そして同盟は、第三章であつかう集団安全保障や協調的安全保障とは区別されるものです。

同盟には、メリットもあれば、当然デメリットも存在します。まずメリットとしては、次の三つの機能が存在します。

第一に「**抑止**」の機能です。同盟を組むことで、外敵から攻撃される可能性が低下します。

第二に「**防衛**」の機能です。同盟によって外敵からの攻撃に対処する際の力が増幅します。一国よりも二国、二国よりも三国のほうが軍事力の総和は当然大きくなるわけです。

そして、第三に「**阻害**」の機能です。これは結果として、対立する同盟に同盟国が参加することを阻止するというものです。たとえば、アメリカにしてみれば、日本が、アメリカと対立的な関係にあるロシアや中国などと同盟を組むような日が訪れたら、まさに悪夢といえます。それを阻害するためにも、日米同盟は強固でなければならないと彼らは考えるでしょう。

同盟関係は、厚い友情か

その一方で、同盟のデメリットやリスクとしては、「戦争の危険の増大」と「行動の自由の制限」の二つがあげられます。

このうち「戦争の危険の増大」は、同盟関係を結ぶことによって、単独の場合より、戦争する可能性が高まることを意味します。同盟国が戦争する場合にも、それに巻きこまれる形で参加せざるをえなくなるからです。

もうひとつの「行動の自由の制限」は、文字どおり、同盟国との歩調を合わせなければいけないという意味で、行動の自由が減少してしまうということです。というのは、こちらが望まない同盟国の戦争に巻きこまれる可能性を低下させようとすることで、逆に、いざというとき、同盟国から見捨てられる可能性が高まってしまうからです。

そして、同盟政策において、「**巻きこまれる不安**」と「**見捨てられる不安**」の板ばさみになる状況を、「**同盟のジレンマ**」といいます。

注意しておきたいのが、同盟政策というものは、生半可《なまはんか》な友情関係とは、まったく異なるものだということです。もちろん婚姻関係とも違います。

時に政治家や外交官が同盟国をさして口にする、「両国の厚い友情」や「価値を同じくするパートナー」といった温かな言葉の裏には、外交儀礼の美辞麗句や、さまざまなかけひきが含まれていることを考慮に入れるべきでしょう。アメリカが、日本への災害救助を「トモダチ作戦」と名づけたことも、両国のあいだに同盟のジレンマが存在しているからと考えられなくもありません。

現在、強い同盟を結ぶ関係にあっても、つねに冷徹でドライな視点を忘れてはならないのです。

特異な日米同盟

ご存じのとおり、日本は、一九五一年九月の「日米安全保障条約」（Treaty of Mutual Cooperation and Security between the United States and Japan）締結以来、アメリカとのあいだに同盟関係を築いてきました。

ところが、この「日米同盟」（The U.S.-Japan Alliance）には、一般的な同盟関係とは大きな違いがあります。それこそが日米同盟の本質ともいえるのですが、つまり、「日本が軽武装にとどまり、国外での軍事的なコミットメントを最小限に抑える一方で、米軍に基地を提供することによって、アメリカに安全保障面での協力を求める」というものです。日米安全保障条約を締結した当時の外務省条約局長・西村熊雄《にしむらくまお》は、この関係を「**物と人との協力**」という言葉で表現していました。

基本的な同盟とは、軍人と軍人の命を互いに差しだしあうこと（「**人命と人命の交換**」）を前提に、相互の死活的国益を守りあうために組まれるものです。「特別な関係」といわれる英米同盟はもちろん、たとえば米韓同盟など他の同盟の例を見ても明らかでしょう。

つまり、「**人と人との協力**」を基本に据《す》えて、相互に領土の防衛を約束しあうのが、普通の同盟関係のあるべき姿です。しかし、日米同盟はそのような形をとっていません。いわば非対称な双務性《そうむせい》という特異な関係にあります。

これは、日本の「巻きこまれる不安」を低下させるための政策そのものであり、見方を変えれば、それゆえに日本は、いざというときに「アメリカが本当に助けてくれるのか」という「見捨てられる不安」に苛《さいな》まれてしまうことになります。まさに「同盟のジレンマ」です。

もちろん、日本は米軍の軍事協力を得る対価として、沖縄を中心に国内の多くの土地をアメリカに提供しています。しかし、アメリカの一般国民の心情としては、アメリカ人の命と引きかえに日本人の命ではなく、土地だけを提供するのはおかしいという見方もあるわけです。

たとえば、日本が直接的攻撃を受けてない段階で、公海上にいるアメリカ軍艦船が攻撃を受けた場合、アメリカ軍と共同訓練中、あるいは行動をともにしていた自衛隊艦船が、ともに反撃するという行為は、現行法の解釈においてできないということになっています。

そのようなケースが現実に起きたら、アメリカの一般国民はどのような印象をいだくでしょうか。日米同盟なんて、絵にかいたモチ、何の意味もなさないものに映ってしまうかもしれません。アメリカ人の命が目の前で犠牲になっているのに、同盟国であるはずの日本はなんら手を出そうともしない。これでは同盟とはいえない、傭兵と何が違うのかということになってしまいます。

そこまでして日本領土内に基地が必要だというのなら、日本政府に圧力をかけて、あるいはお金を払ってでも、土地だけを間借りすればいいという理屈にもなってしまいます。

だからこそいま、集団的自衛権という問題に、日本はいかに向きあっていくべきかが議論されているのです。

持っていても、使えない権利

「**集団的自衛権**」(right of collective self-defense)は、一九四五年六月に、第二次世界大戦の戦勝国(連合国)が署名した「国際連合憲章」第51条のなかで定立された概念です。

そこには、「この憲章のいかなる規定も、国際連合加盟国に対し武力攻撃が発生した場合には、安全保障理事会が国際の平和および安全の維持に必要な措置《そち》をとるまでの間、個別的または集団的自衛の固有の権利を害するものではない」と定められています。

国家である以上、個別的自衛権(武力行使を受けたときに自衛する権利)を有するのは当然ですが、国連加盟国には、同盟など重要な関係にある他国が武力行使を受けたとき、防衛に加わる権利、すなわち集団的自衛権も認められているのです。

これは、第二次安倍晋三《あべしんぞう》政権になってから、各メディアでもさかんにとりあげられるようになった問題ですが、今日の日本政府の公式見解は、「我が国は、国際法上、集団的自衛権を有してはいるが、憲法上その行使は許されない」というものです。なぜなら、憲法第九条に、「武力の行使は、国際紛争を解決する手段としては、永久にこれを放棄する」と明記してあるからです。

すべての国連加盟国が持っているはずの「集団的自衛の固有の権利」を、もちろん日本も持っています。なのに、国内法によって使えません。これはおかしいということで、安倍首相は、集団的自衛権をなんとかして行使できるようにしたいと考えているわけです。

この問題はたいへん重要ですので、防大の国際関係学科でも、複数の専門科目で触れられていました。そのなかで、もっとも興味深く感じられた見方をひとつ紹介したいと思います。

その教官は、ある日の講義の冒頭でいきなり、「一九八一年の政府答弁書は、正しいといえるのか」と語りはじめました。

この科目の冒頭は、いつもセンセーショナルなひとことで始まり、ものすごくひきつけられるのです。そして、ただ内容がおもしろいだけでなく、授業の最後まで論理が一貫していました。私たち学生は、日本の集団的自衛権について、教官がどのような論点を示してくれるのか、興味津々でした。

実は、教官が指摘した「一九八一年の政府答弁書」こそが、「我が国は、国際法上集団的自衛権を有してはいるが、憲法上その行使は許されない」といわれてきた根拠となっているものです。

一九八一年の政府答弁書を、もうすこし詳細に見てみましょう。「国際法上、国家は、集団的自衛権、すなわち、自国と密接な関係にある外国に対する武力攻撃を、自国が攻撃されていないにもかかわらず、実力をもって阻止する権利を有しているものとされている」ので、「我が国が、国際法上、このような集団的自衛権を有していることは、主権国家である以上、当然である」とされるが、「憲法第9条の下において許容されている自衛権の行使は、我が国を防衛するため必要最小限度の範囲にとどまるべきものであると解しており、集団的自衛権を行使することは、その範囲を超えるものであって、憲法上許されないと考えている」と説明したのが、それです。

教官が着目していたのは、傍点をつけた「自国と密接な関係にある外国」という部分でした。いわく「自国と密接な関係にある外国」は、集団的自衛権を行使する対象の「ごく一部」にすぎず、自国と密接な関係にある国、すなわち同盟国が攻撃されるということは、自国の国益が害されることにもなるため、これは個別的自衛権と集団的自衛権がともに重なりあう領域なのだというわけです。

たとえば、お金を貸した友人が強盗に襲われれば、自分にとっても大きな不利益を生じるおそれがあります。自分がお金を奪われたのではなくても、友人がお金を奪われないように防がなくてはなりません。

この友人を同盟国におきかえれば、武力攻撃を受けた同盟国を助けるのは、個別的自衛権の範囲内でも可能となるでしょう。そう考えると、同盟国であるアメリカが攻撃を受けたときには、同時に日本の国益も害されるわけですから、本来は自国の国益を守るための個別的自衛権の行使としてアメリカを軍事的に助けることができるというのです。

さらに忘れてはならない論点として、集団的自衛権は、権利というよりも国際的な「義務」であり、自国に関係のない第三国を助けるというのがその本質であるということです。この義務は「世界の常識」であり、たしかにそのように考えれば、一九八一年の政府答弁書は「間違っている」といえなくもありません。

たとえば、世界のどこかの国でPKOの任務（民生支援など）を遂行している自衛隊が、同じくPKOで派遣されてきたA国軍と活動をともにしているとします。しかし、そのA国の部隊は、現地の武装組織の攻撃にあって苦戦しています。通常ならば、A国の部隊を支援し、ともに守備行動に対処するのがスジなのですが、現行の法制下では、これをおこなうことができません。

傍観することしかできない自衛隊の姿を見て、A国はもちろん、国際社会はどう思うでしょうか。国際的な義務を守ることができない日本の立場は、実は非常に危ういといえるのです。

集団的自衛権とよく混同されるものに、「集団安全保障」（collective security）があります。この二つの言葉は、なんとなく似ているようで、まったく別の概念です。集団的自衛権は、「他国が攻撃されたときに軍事的に助けてあげる」ことをさし、後者は、「国連加盟国がルール（国連憲章第2条4項）を破って武力に訴えた場合には、他の加盟国が一致団結してその国をぶっつぶす（制裁を加える）」制度をいいます。これについては、第四章でも触れたいと思います。

「ただ乗り」か、「要石《かなめいし》」か

このように、いまの日本には、その集団的自衛権、ひいては日米同盟とどう向きあっていくかが求められているのですが、両国の関係は、日本だけでなくアメリカにとっても、きわめて重要な意味を持つことはいうまでもありません。

よくいわれるのが、日本の「地政学」的重要性です。かつて冷戦の時代、日本は、ユーラシア大陸をすっぽりと包むようなその形状から、共産主義への防波堤といわれていました。

たとえば、極東方面を担当するソ連海軍は、中国や北朝鮮との国境近くにあるウラジオストック港を拠点に活動していました。ここから海軍戦力を太平洋へと進出させるには、北の宗谷《そうや》海峡や南の対馬《つしま》海峡を通過させる必要があります。日米同盟の存在という圧力が、ソ連の軍事戦略全体に多大な影響を与えていたのは、確かでした。

現在でも、朝鮮半島での有事や、アメリカと密接な関係にある台湾への対応など、すべての軍事行動において、在日米軍基地なしには有効な戦略を構築することはできません。

東アジアにおける日本の地政学的重要性と日本の国力は、アメリカが、アジア地域での政治的、軍事的影響力を維持し、さらに中東などへの戦力投入のための前方展開をし、かつ自国の経済的安寧をはかるための「要石《かなめいし》」となっているのです。日本の地政学的重要性は、日米同盟が存続することによってアメリカ側が得る最大の便益であり、アメリカの東アジア戦略、ひいては世界戦略に欠かせないものであるといえるでしょう。

なかでも沖縄は、在日米軍施設・区域の約七四パーセントが集中していることからもわかるとおり、アメリカ軍にとっては、とくに地政学的重要性の高い地域です。前方展開部隊のための駐留《ちゅうりゅう》基地、北東アジアにおける有事の際の作戦基地、および北東アジア以遠の地域においてアメリカ軍が行動する場合の後方支援基地などといった、さまざまな役割があるからです。

「物と人との協力」という特異な関係にある日米同盟が、非対称な双務性のうえに成り立っているというのは、まぎれもない事実ではありますが、非対称だからといって、日本はアメリカに「ただ乗り」しているかといわれれば、けっしてそうではありません。

沖縄を中心にして日本が、大規模な米軍基地に場所を提供してきただけでなく、いわゆる「思いやり予算」という、その駐留経費の多くを負担しつづけてきたことは、よく知られるところです。このような駐留経費の負担のことを、一般にホストネーションサポートと呼びます。

さらに自衛隊も、冷戦時代から現代にいたるまで、米軍の戦略に対応した、情報収集活動や潜水艦に対抗する優秀な対潜哨戒能力を構築してきました。日米合同演習をはじめとする「相互運用性」(Interoperability) の向上施策をつうじて、平時から米国の戦略遂行に具体的な形で協力しています。

また、9・11同時多発テロ後にアメリカがおこなった、アフガニスタン戦争やイラク戦争に際しては、国際的なテロとの戦いと日米同盟という文脈のなかで、海上自衛隊をインド洋へ、陸空自衛隊をイラクへと派遣して直接的貢献を果たしてきました。

ただし、このようないくらかの実績をもってしても、日本に本当の有事が訪れるその日まで、同盟が完全に機能するかどうかは誰にもわからないのです。

地政学は、知的な毒物？

日本の地政学的重要性という言葉が出てきましたので、この「地政学」(Geopolitics)が、どのようなものかについても見ておきましょう。

地政学とは、国家間の地理的な位置関係が、政治・国際関係に与える影響を研究する学問であり、地理的な環境が国家に与える政治的、軍事的、経済的な影響をマクロな視点から研究するものであるとされるのが一般的です。

地政学という言葉は、一般書のなかでもしばしば用いられているのを見かけますが、いわゆる政治地理学（Political Geography）とは区別されています。政治地理学とは、系統地理学のなかの一分野である人文地理学に分類されるもので、国家の盛衰を地理学的な視点や環境論的な視点から分析する学問です。それは、計量分析を中心に、空間的な視点から国際政治や国内政治を論じるもので、ドイツの地理学者フリードリヒ・ラッツェルによって始められ、その学問的地位が築かれてきました。

ところが、地政学のほうはといえば、よく耳にするわりに、実は学問としての正当性は確立されていません。

モーゲンソーは、この地政学について、「地理という要因が国家の力を、したがって国家の運命を決定するはずの絶対的なものであるとみなす、えせ科学である」と酷評しています。

また、アメリカの地理学者であるリチャード・ハーツホーンは、地政学を「知的な毒物」という言葉で断罪しました。ハーツホーンは、「地政学は知的なまやかしであり、イデオロギー的に色がついている疑いが濃く、ファシズム、ならびにその大量虐殺、人種差別、領土拡張、侵略地支配の政策とのかかわりのなかで汚れてしまったもの」と見なしていました。

地政学は、一八九九年にスウェーデンの政治学者、ルドルフ・チェレンによって名づけられてから五〇年もたたないうちに、学問的な正当性を失ってしまったのです。

その理由としては、やはりハーツホーンが指摘するように、侵略や大量虐殺をふくむナチス・ドイツの政策の根拠を提供する形で、地政学が一役《ひとやく》買っていたという歴史的事実が大きいように思われます。

さらに、ナチス・ドイツのポーランドやソ連への侵攻、あるいは日本の満州侵略や大東亜共栄圏構想などに影響を与えたドイツの地政学者ハウスホーファーの思想は、第二次世界大戦後になって、ドイツ地政学とともに批判される原因となりました。

とはいえ、地政学的な視点というものは、国際関係を眺めるうえで、とても便利な一面もあります。国家の対外行動は、すくなからず地理的状況に影響されるのは事実ですから、地政学を「えせ科学」や「知的な毒物」などといって一蹴《いっしゅう》してしまうのは考えものです。すくなくとも地政学的な世界の見方ができて、損はありません。使えるものは何でも使ったほうがよいのです。

私たちが地政学を本格的に学んだのは、防衛学のある選択科目においてでした。その科目を選択していたのは、筆者二人をふくめ四人だけでしたから、たいへんアットホームな雰囲気のゼミ形式で講義が進められました。そのため授業についていくのはたいへんでしたが、このときの教官の懇切丁寧《こんせつていねい》な指導は、より広い視点から国際関係、安全保障論を学ぶきっかけを与えてくれました。

その講義は、アメリカの例を中心に、最新の軍事戦略や軍事制度からのアプローチや、「地政学と戦略」、「安全保障と倫理」といったテーマが、とくに印象に残っています。国際関係学科の専門科目とは少し違った視点、より軍事的な視点から安全保障戦略を学ぶという点で、たいへん興味をひかれるものでした。

なお、この講義のなかで紹介された地政学に関する本としては、キーファー『大国の現実』（John Elmer Kieffer, *Realities of World Power*）、マハン『海上権力史論』、マッキンダー『デモクラシーの理想と現実』、スパイクマン『平和の地政学』などがあげられます。

軍拡するか、軍隊を放棄するか

こんなはずじゃなかった（1）――安全保障のジレンマ

軍事力は、あつかいがきわめて難しい手段でもあります。現実的な問題として、軍事力を整えることで、より安全を確保しようとしたつもりが、逆に安全を損《そこ》ねてしまうことがあるのです。

ここに、潜在的に対立するA国とB国があるとしましょう。A国がB国よりも強力な軍事力を持っているならば、B国はそれに脅威を感じるでしょう。その不安を解消するために、B国は軍事力を増強する軍拡をおこなったり、他国と同盟を結んで、軍事力の不足分を補《おぎな》おうとしたりします。しかしそれは、A国の不安もあおり、A国はさらに対抗して軍拡や同盟の締結を試みます。A国が軍拡すると、またB国が軍拡をして……。

このように、A国とB国の間には**軍拡競争**が起こり、さらには同盟によって他国も巻きこんでしまい、結局両国の関係はいっそう不安定になってしまいました。最初は自国の安全を確保するためにとった行動が、結果として安全を損ねてしまったのです。しかし、何もしなければ安心感を得ることはできません。これを「**安全保障のジレンマ**」（**security dilemma**）と呼びます。国家というものはつねに、**他国よりもすこし抜きでたパワー**を持つことで安心が得られると考えるのです。

しかし、安全保障のジレンマにある状態は、非常に不安定であり、相互不信を増幅させます。さきほどのA国は、B国のパワーに追いつかれる前に、その芽《め》をつみとろうとするかもしれません。逆にB国が、A国を追い越した瞬間に、戦争をしかけるかもしれません。

さらに、国家のパワーというものは、軍事力だけではありません。客観的に測定することができないので、一方が、とんでもないカン違いで勝算を見積もってしまい、安易に戦争に打ってでる可能性も否定できません。

安全保障のジレンマから戦争に発展した代表的な例が、第一次世界大戦です。

十九世紀末、軍事大国化するドイツのパワーの増大に不安をいだいたイギリスは、ロシア、フランスと三国協商を結びます。するとドイツは、これに対抗して、もともと締結していたオーストリア、イタリアとの三国同盟の強化を試みます。この諸国家の動きは、両勢力のあいだで小規模な戦争が起ころうものなら、勢力内のすべての国を巻きこむ大戦争につながりかねないことを意味していました。

実際に、二つの勢力は互いに軍拡をおこなうなか、相互不信は高まり、いつ戦争が起こってもおかしくない空気がただよいはじめます。同時に、各国は戦争に備え、勝利するための計画を立てていきました。

ドイツにとって、東西の国境で接するロシアとフランスとの対立関係は、つねに大きな懸案でした。しかしドイツには、この両国を相手に、同時に戦争をして勝つための秘策がありました。シュリーフェンプランという作戦計画です。この作戦の鍵は、兵力動員のスピードにありました。

広大な領土を持ってはいますが、交通事情の悪いロシアは、戦争のためにドイツとの国境へ大規模な兵力を動員するのに時間がかかります。ドイツの作戦計画はここに注目して立てられます。つまり、ロシアが兵力をドイツ国境に集結させるまでの時間に、中立国ベルギーを通過する形で、フランス北部を奇襲攻撃で早期に占領し、返す刀でロシアを迎え撃とうというのです。

すべてはロシアが動員を開始した瞬間が勝負です。これに即応して計画を実行すれば、貴重な戦力を分散させることになる、二正面同時の大規模な戦闘を回避できます。ドイツはそのために、軍隊の動員スピードを強化し、国内の鉄道網を充実させていきました。

しかし、時がたてば、ロシアの動員体制は着実に整備され、動員スピードも当然速くなるはずです。ドイツは焦《あせ》りました。

そんなとき、セルビアのサライェヴォで、オーストリア皇太子夫妻の暗殺事件が起き、オーストリアがセルビアに宣戦布告しました。これに対し、セルビアと同盟関係のロシアがオーストリアに宣戦を布告し、兵力の動員を開始します。オーストリアと同盟関係にあるドイツは、ロシアが兵力動員を開始した時点で、ここぞとばかりに計画を実行に移し、ベルギーに侵攻したのです。こうして一九一四年夏、第一次世界大戦は勃発《ぼっぱつ》したのでした。

さてそもそも、こんな大規模な戦争を誰が望んだのでしょうか。当時、ヨーロッパ諸国の民衆たちは、戦争は年内に終わると考えていました。真意は定かではありませんが、ドイツ皇帝のヴェルヘルム二世ですら、大戦争は回避したいという気持ちを、イギリス国王やロシア皇帝に手紙で書き送っています。

しかし、それが国際関係の難しいところで、お互いの意図、つまり考えていることが目に見えない状況で、いったん軍拡や軍事同盟が広がっていくと、**意図せざる戦争**が起こる不安も大きくなるのです。

もはや戦争が避けられないとなると、それに勝たなければなりません。近い将来、戦争が起こるかもしれないとして、いま戦争が始まれば勝つ見こみがあるとします。さて、あなたが国家の指導者ならどうするでしょうか。

現在のアジア諸国には、軍拡競争の傾向があるといわれています。

中国は、その国防予算を毎年、前年比で約一〇パーセント以上増額させており、日本を含め周辺諸国は懸念を示しています。それに呼応するかのように、東南アジア諸国も軍事費を増額し、新たな兵器を購入しています。ベトナムやフィリピンなどは、南シナ海の離島の領有権に関して中国と対立しており、海軍力や空軍力の強化につとめているのです。台湾は、中国との経済協力をすすめる反面、中国軍を意識した軍事力の整備には抜かりがありません。韓国は、何といっても北朝鮮との不測の事態に備えています。日本もまた、対中国を見据えた自衛隊の強化に乗りだしました。

こういった状況をふまえて、仮に現在のアジア情勢が安全保障のジレンマの状態にあるのなら、十分に注意をしなければならないといえるでしょう。

安全保障のジレンマは、安全を得るために軍事力の増強をおこなったにもかかわらず、意図せずに安全を損ねてしまったというケースです。ならば、平和を願い、軍事力という手段に頼らなければいいのではないでしょうか。しかし、これもそんなにうまくはいきません。

こんなはずじゃなかった（2）――非軍事のパラドックス

平和を願って非軍事的手段で対立関係を解決しようとしたところが、かえって平和を失ってしまった、という逆説があります。

本書では、これを「**非軍事のパラドックス**」（**戦争回避のパラドックス**）と呼びます。

多くの場合、現状変更国に対し、現状維持国が戦争を回避しようとして安易に妥協していくことが原因になります。これは、**宥和《ゆうわ》政策**（**Appeasement**）と呼ばれるものです。この宥和政策がおこなわれる背景には、現状維持国が平和を望み、戦争のリスクを避けたいという願いがあります。

その代表的な例として、国防にたずさわる者のすべてが肝《きも》に銘《めい》じておかなくてはならないとされるのが、一九三八年の「ミュンヘン会談」です。

第一次世界大戦に敗北したドイツは、ヴェルサイユ条約によって、多くの領土を失い、戦勝国から再軍備を禁止され、莫大《ばくだい》な賠償金を請求されました。その後の社会不安のなかで、アドルフ・ヒトラー率《ひき》いるナチスが政権をとり、ヒトラーが国家元首の総統に就任したのち、ドイツの現状変更行為が活発になります。

第一次世界大戦の大きな犠牲の結果、当時のヨーロッパ諸国の国民は、戦争を嫌悪する傾向にありました。多くの若者の命が犠牲になったわけですから、当然の話です。具体的には、一九二〇年に世界平和を実現するための「国際連盟」が設立され、二八年には一五カ国が不戦条約（「ケロッグ‐ブリアン協定」）に調印しました。これは、「国際紛争の解決は武力によらない」という主旨の条約で、のちには六三カ国が参加しました。

結果として、そんな「戦争回避的」な世論が裏目に出てしまうのです。ドイツは、まず一九三五年に禁止された再軍備を宣言し、ヴェルサイユ条約を一方的に破棄しました。さらに翌年、フランスとの国境であるラインラントに自軍を進めます。

これは明らかな約束違反です。この時点でフランスやイギリスが軍事力の強要機能を発揮したり、抑止機能を強化したりしていれば、その後のドイツの動きを止めることができたと考えられています。

にもかかわらず、あくまでも戦争という選択を回避したいイギリスとフランスは、ドイツの行動を黙認したのでした。

ドイツはそれに乗じる形で、一九三八年にオーストリアを併合して、勢力を拡大しました。そして、ドイツ系住民が独立を望んでいることを理由に、隣国チェコスロヴァキアのズデーテン地方の割譲《かつじょう》を要求します。

ここにいたっても、イギリスとフランスは、いざとなれば戦争もいとわない覚悟を固めることができませんでした。軍事力を使ってドイツを脅して制止しようとはしませんでした。その代わりに、あくまでも外交的な解決にこだわり、一九三八年、ミュンヘンで、イタリアをふくめた四カ国による会談がおこなわれます。

驚いたことに、この会談でドイツは、領土拡張行動をこれで最後とすることを条件に、ズデーテン地方の併合が認められてしまいます。そして、イギリス首相のチェンバレンは、会談を実現し、世界の平和を維持したことで大きな称賛を得ます。

しかし事実は、その後の歴史が示しているとおりです。ドイツは結局、チェコスロヴァキアの全土を勢力圏にとりこみ、一九三九年にポーランド侵攻を果たします。ここで、ようやくイギリスとフランスは宣戦布告し、世界は二度目の世界大戦に突入したのでした。

イギリスとフランスは、ドイツのパワーが強力になる前に、軍事力を使って未然にその膨張《ぼうちょう》を食いとめる機会が何度もありました。しかし、ドイツが現状を変更しようとして、世界規模の大戦争をふたたび起こすということが信じられなかったのでしょう。いうなら、現状変更国の強い意図を、現状維持国は読み誤ったのです。

平和を求めすぎたがために、大戦争をまねいたというのであれば、なんと恐ろしい逆説でしょうか。これは、軍事力の有効活用をおこたり、結果的に平和を損ねてしまったというケースです。

非軍事（戦争回避）のパラドックスが起こる可能性は、他にもあります。

ある国家が、我々は戦争なんてしないから軍隊はいらないと、一方的に軍事力を放棄するならば、それは、**力の空白（power vacuum）**を生みだします。その国家と何の利害関係も持たないような人たちからは、きっと世界平和に貢献したと称賛されることでしょう。しかし、その国家に利害的関心を持っている現状変更国は、こう考えるにちがいありません。「いまこそ侵略のチャンスだ！」と。

つまり、力の空白をつくってしまう国家は、世界平和にちっとも貢献なんてしないのです。

このことは、現代の日本に当てはめて考えると明らかです。不測の戦闘が起こることを恐れて、日ごろ自衛隊がおこなっている警戒活動を中止し、尖閣問題の解決は外交のみではかられると表明するならば、まちがいなく中国は尖閣諸島を占拠し、実力でもって領有を主張するようになるでしょう。

しかも、日本にその島嶼《とうしょ》領土を軍事力で守る意思がないわけですから、他国がその軍事力でもって助けることもできません。そして、中国の活動区域はもっと拡大し、日本近海で、より大規模な不測の事態が起こるようになるかもしれません。

軍事力の有効活用をおこたれば、結果として、大きな代償をはらう危険性があるといえます。

世界からすべての軍隊がなくなれば、戦争はなくなる?

アナーキーな国際社会では、国家間の対立や紛争がたえない以上、自国の安全を守るために軍事力が必要になります。対話による外交がうまくいかなければ、軍事力で解決をはかろうとするからです。こちらにそのつもりはなくとも、相手がそれをおこなう危険性があるかぎり、自国の生存を守るために、必然的に軍事力の保持と利用に行きつくのです。

軍事力という手段を持つことの難しさについても考えてきましたが、重要なのは、**軍隊の存在が戦争の直接的原因ではない**ということです。

国家間の対立と紛争を解決するために、国家が時として軍隊を使って戦争を遂行するのは事実です。しかし、この瞬間に世界じゅうのすべての軍隊がなくなれば、戦争がなくなるわけではありません。ミサイルや戦車といった近代兵器や、いまのような訓練され組織化された戦力を使わないという、別の形の戦争が起こることでしょう。

それは、簡単に製造できる銃火器や近代以前のような武器（刀や斧《おの》など）を使った戦闘に代わるというだけです。かつてルワンダの内戦では、一般の民衆がナタやこん棒を使って、敵対する勢力の大虐殺をおこないました。

世界じゅうの武装組織が所持し、内戦やテロなどで使用されているＡＫ47という自動小銃があります。ＡＫ47は、アフリカの紛争地帯では、わずか一〇ドルほどで売られているようです。その価格の安さや簡素な構造から、模造品もふくめると、世界じゅうに一億丁以上も出回っているといいます。内戦の報道写真などで、それを手にした民兵の姿を目にしたことがある人は多いのではないでしょうか。

この銃は、別名「世界でもっとも人を殺した武器」とも呼ばれています。開発者であるミハイル・カラシニコフは、二〇一三年の末に亡くなりましたが、その晩年、自分の作ったＡＫ47の悲劇を神に懺悔《ざんげ》したそうです。このような武器は、もはや軍隊だけのものではないようです。

つまり軍隊というものは、あくまで手段のひとつにすぎず、別の形の暴力手段を利用すれば、戦争はできるのです。ですから、軍隊を全廃すれば戦争がなくなるという主張は正しくありません。一方で、どんどん軍拡をすれば、万事安心ということでもありません。戦争の原因は、そんなに単純なものではないということです。

これまでも外交の努力は続けられてきました。しかし、戦争は起きつづけてきました。戦争を避ける方法はないものでしょうか。もしかすると、戦争そのものをあえて直視してみることで、何か見えてくるかもしれません。

第三章　いつだって戦争は、ただの人殺しじゃない？

かのナポレオンにつぐフランスの英雄、シャルル・ド・ゴールは、このように言っている。

「戦争の歴史は、平和の時代に始まるものである」

戦争に対する、さまざまな見方

戦争にも、ルールがある!?

戦争は、ただの殺しあいではありません。実は、国際的な法規則にもとづいた「合法的(lawful)な殺しあい」なのです。法によって、兵士は犯罪者と区別されます。

武力紛争や戦争に関する国際法は、「**ユス・アド・ベルム**」(**jus ad bellum**)と「**ユス・イン・ベロ**」(**jus in bello**)とに大別されます。前者は、一般に「開戦法規」といわれるもので、どのような手続きをふんで戦争を始めるかを規定した法規則です。後者は、具体的な戦闘のルールや捕虜のとりあつかい方といった敵対行為などを規律する、戦争における法規則、すなわち「交戦法規」と、交戦国と非当事国との関係をあつかう中立法をふくんでいます。

とくに戦争中における法、ユス・イン・ベロは、伝統的に「戦時国際法」、あるいは「戦争法」と呼ばれてきました。

これに対し、現代では、「国際連合憲章」によって、自衛権の行使と国連の軍事的強制措置以外の武力行使や戦争は、原則的に禁止されています。その最たるものが、「国際連合憲章」第2条4項ですが、ようするに、国際法上「戦時」は存在しないはずなのです。

しかし現実には、世界のいたるところでドンパチやっているわけですから、悲惨な戦争被害を極小化するという意味でも、ユス・イン・ベロはいまもって、きわめて重要な法規則であるといえます。ただし、戦時国際法や戦争法は、「**武力紛争法**」、あるいは「**国際人道法**」などと呼ばれるようになっています。

ちなみに、防衛大学校国際関係学科の専門科目では、従来の「戦争法」という名称で講じられていました。日本でこの戦争法を本格的に学ぶことのできる大学は、おそらく防大以外にはないでしょう。

防大は、未来の軍人、しかも将校となる者を養成する教育機関です。戦争法の知識を徹底的に叩きこまれるのは、ある意味において当然のことといえます。つまり、これを知らないと、戦争ができません。

実際の戦闘の現場において、自分が指揮する部隊が何をすればよくて、何をしてはいけないのか、知らなくてはなりません。任務の完遂《かんすい》を第一に据えつつも、部下を守るために何ができて、何ができないのかを指揮官が知らないようでは、事態は不都合なものとなります。

しかも恐ろしいことに、指揮官の無知によって、不都合どころか、新たな国際問題を引きおこしかねない場合があります。戦闘員と非戦闘員の区別をせずに無差別攻撃をしかけたり、軍事目標とはいえない民家や建物を攻撃したりしてしまえば、国際社会からは非難囂々《ごうごう》です。

これまで多くの戦争の当事者となったアメリカ軍は、仮にひとりの兵士が戦争法に違反すれば、世界じゅうのメディアで非難されてきました。しかし、私たちの想像以上に、アメリカ軍は多くの時間と資源を、戦争法への対応についやしています。司令部から末端の部隊にいたる多様なレベルで、軍専属弁護士である独立法務官（military lawyer）が、中立的立場から作戦にコミットすることで、兵士が戦争法に違反するのを防いでいるのです。

そこで、指揮官にとって**交戦規定**（Rules of Engagement: ROE）が、非常に重要なものとなります。ROEとは、軍隊や警察が任務を遂行するうえで、いつ、どこで、どのような相手に対し、どのような武器を使用するかを定めた基準のことです。戦闘の際にいちいち迷うことのないよう、あらかじめ詳細に定められたROEを指揮官がしっかり頭に入れておくことは、世界の常識なのです。とくに米ソ冷戦の時代には、米軍とソ連軍が接触したときの不測の事態が、とりかえしのつかない戦争に発展することを防ぐため、交戦規定は厳しく徹底されていました。

自衛隊では、これを「部隊行動基準」と呼んでおり、二〇〇〇年にはじめて導入されました。ちなみに、ROEの内容が漏《も》れては、敵にこちらの手のうちを晒《さら》してしまうことになりますので、基本的には公表されることはありません。

難解な戦争法

筆者たちが防大国際関係学科で戦争法を学んだのは、二学年時の一年間です。そのとき重点的に教えられたのが、敵対行為の主体、方法、手段の各項目についてでした。

敵対行為の主体に関しては、戦闘員資格の問題が大きくとりあつかわれていました。ここでは、「自衛隊は軍隊か」という論点を学び、「世界から見た自衛隊」という、いわば逆の視点から自国を眺めてみることの重要性に気づくことができました。

敵対行為の方法に関しては、**軍事目標主義**や**付随的損害**（collateral damage）について、複数のケーススタディから詳しく学んだのを覚えています。

戦争法は、攻撃目標として物的目標と人的目標がそれぞれ定められています。しかし、この軍事目標に対する攻撃によって民間人の命が巻きぞえになるという事態が、現実の世界では問題になっています。

そのため、たとえば、アメリカ軍特殊作戦部隊（ＪＳＯＣ）では、無人機攻撃や非公然作戦（covert operations）などにともなう付随的損害を回避するための具体的措置がとられているのです。簡単に破られるイメージの強い戦争法も、現実の戦闘行為をしっかりと規律していることがわかります。

敵対行為の手段に関しては、「ジュネーヴ第一追加議定書」第35条2項で禁止される「過度の傷害又は無用の苦痛を与える手段」に関連する、兵器規制などについて学んでいきました。もちろん捕虜条約を中心に、戦争犠牲者の保護や戦争法の履行《りこう》確保(戦争法規が遵守されるように定められた手段)、戦争犠牲者の救済などについても詳しく教えられました。

戦争法の講義を一年間受けて感じたのは、とにかく「難しい」の一語に尽きます。国際関係学科の専門科目のなかでも、トップクラスに難しい科目だったといえるのではないでしょうか。

戦争法の担当教官は、とてもライトで親しみやすい雰囲気の方で、難解な論点をかみくだいて、防大生として押さえなくてはならない項目について、ていねいに何度も説明してくれました。それでも難しいと感じてしまうのですから、実務としてこれを使いこなすには、相当な学習量が必要になると思われます。指揮官には、つねに学習が求められるのはいうまでもありません。

ちなみに当時、この教官から推薦図書として教わったのが、リチャード・ハイド、ロバート・コルブ『武力紛争法入門』(Richard Hyde, Robert Kolb, *An Introduction to the*

International Law of Armed Conflicts）です。これは、戦争法についてわかりやすく体系的にまとめられた基本書ですが、残念ながら、いまのところ邦訳は出ていません。

また、防大国際関係学科の専門科目として学べる国際法の科目としては、戦争法のほかにも、海洋法や国際機構論の講義がありました。国際法は、どれをとっても結局のところ難解きわまりなく、私たちのような凡才からすれば、「天才の学問」なのではないかと勝手に思っています。

戦争に踏みきるときの敷居の高さ

ここで、**戦争の敷居**（**threshold of war**）という考え方に触れておきましょう。いいかえれば、**戦争に踏みきるときのハードル**の問題です。

ある国家にとって、戦争の敷居が低ければ低いほど、その国家は戦争に踏みきることを躊躇《ちゆうちよ》しない一方、戦争の敷居が高ければ高いほど、戦争という手段に訴えることを忌避《きひ》する傾向にあります。年がら年じゅうドンパチやっている国家、たとえばイスラエルなどは戦争の敷居が低く、逆に戦後の日本などは戦争の敷居がきわめて高い国であるといえます。地域単位では、アジアやアフリカは比較的、戦争の敷居が低い地域と見ることができるでしょう。

戦争の敷居の高さが、どのようにして決定されるのかは、一般的にそれほど難しい理屈ではありません。**戦争によって生じるコスト**と、**戦争に勝つことで得られる利益**とを比較すればよいのです。その関係は、「**戦争の敷居＝コスト－利益**」といった式であらわすことができます。

つまり、戦争によって生じるコストが小さければ小さいほど、あるいは戦争によって得られる利益が大きければ大きいほど、戦争の敷居は低くなります。一方、戦争に勝つことによって得られる利益より、そのコストがずっと高い場合には、戦争の敷居も高くなるでしょう。

戦争のコストを決める各要素について、もうすこし詳しく見てみましょう。敵の強さ、これはもちろん、敵が強ければ強いほどコストは大きくなります。ほかにも、敵と自国との相互依存関係（依存度が高いほどコスト大）、敵の同盟国の強さ（敵の同盟国が強いほどコスト大）、自国の軍事力（強いほどコスト小）、自国の都市化・近代化の度合い（都市化や近代化が進んでいるほどコスト大、農村が多いほどコスト小）などが考えられます。

戦死者の数や戦費は、どこまで許容できるか

ところが、いざ戦争がはじまったとなると、先にあげた要素以外にも、流動的な要素が大きく影響します。戦局やその事後処理が長引くにつれ、自軍の損害や戦費が増大してくるでしょう。それにともなって、一般的には、国民の戦争に対する支持が失われ、政府や国家指導者に対する支持率も下がっていきます。

国家は、どのような状況になったときに戦争に勝った、あるいは負けたと感じるのでしょうか。これは、その国家の戦争に対する「**損害の許容度**」に大きく関係しています。

ある国家が戦争に勝つということは、**損害が許容限度を超える前に戦争の目的を達成した状態**をいい、逆に、**戦争に負けることとは**、**目的を達成する前に**、**損害が許容限度を超えてしまった状態**をいいます。

アメリカを例にとって考えてみましょう。ベトナム戦争（一九六五－七三年）において、アメリカは、北ベトナムのゲリラ戦法に苦しめられたすえ、米軍の死者数は五万八〇〇〇人を数え、戦費は約一一一〇億ドルにのぼりました。

このときの戦費を二〇一一年度額換算で見ると、実に約七三八〇億ドルに相当するというものです。この額は、イラク戦争(二〇〇三-一一年)についで、戦後のアメリカの対外介入のなかで二番目に多い支出となります。

多いときには「一日一億ドル」といわれた、その戦費は、年額二〇〇億ドルを超える大幅な財政赤字の派生とインフレ、ドルの海外流出、経済競争力の低下などをもたらし、国際収支の悪化にいっそう拍車をかけました。国内では草の根の反戦運動が展開されるとともに、国際世論からの非難に直面しました。

戦費においてベトナム戦争を上回ったというイラク戦争では、予算請求額で八二〇〇億ドルを超えています。

なお、二〇〇一年にノーベル経済学賞を受賞したジョセフ・E・スティグリッツは、二〇〇八年出版のその著書のなかで、イラク戦争の総コストについて、「現実寄りの保守的シナリオ」で約四兆三〇〇〇億ドル、アフガニスタンをふくめれば約五兆ドルに達し、「最良シナリオ」でも、イラク戦争のみで約一兆八〇〇〇億ドル、アフガンを合わせれば二兆三〇〇〇億ドルを使ったと主張しています。いずれにせよ、数百兆円という、とほうもない額です。

アメリカ軍将兵の戦死者の数も、主要な戦闘中では一三八人でしたが、ブッシュ(子)大統領が二〇〇三年五月一日に「主要な戦闘は終了した」と、事実上の勝利演説をおこなってから激増し、一一年末までには、四五〇〇人にのぼりました。戦死者のほとんどは、イラク民主化のための占領の過程で生じたことになります。

この期間のブッシュ大統領の支持率も、二〇〇一年の9・11同時多発テロ事件直後には九〇パーセント、イラク開戦時にも七一パーセントあったのが、〇六年十一月の中間選挙時点では、三三パーセントにまで低下してしまいました。

ベトナムやイラクでの戦争を見るかぎり、軍隊を撤退するまでにアメリカが許容できる損害は、およそ以上のようなものと考えることができます。

人的な犠牲に対する「敏感性」

もうひとつ、一九九三年のアメリカによるソマリア派兵を例にあげ、比較して考えてみましょう。

内戦と旱魃《かんばつ》によって多数の餓死者が出るなど、危機的状況におちいっていた当時のソマリアに対し、国連は、一九九二年四月より平和維持活動（UNOSOM I）を開始していました。

しかし、このUNOSOMは、現地の武装勢力間の戦闘のために効果的に機能せず、ブトロス・ガーリ国連事務総長はアメリカに対し、軍事支援を要請します。CNNなどのメディアでソマリアの惨状がくりかえし報道されていたこともあり、アメリカ国内でもソマリアへの介入を求める声が高まっていました。

ブッシュ（父）大統領は、九月の国連総会演説で、国連平和維持活動（PKO）のさらなる活性化を主張するとともに、アメリカが積極的に協力する意思を表明していました。退任前のブッシュは、「高邁《こうまい》な目的」のために何かをなし、「新世界秩序」の理念を再確認するとして、十二月九日に初の人道的軍事介入ともいわれる「希望回復作戦」を開始させます。こうして二万八〇〇〇人のアメリカ軍がソマリアに派遣され、ほどなく援助物資ルートの確保に成功します。

一九九三年一月に大統領に就任したクリントンは、ブッシュの政策を引きついで、人道的な立場から国連の食糧援助を支援しました。ソマリア支援はアメリカの国益ではないという見方もありましたが、毎日のようにテレビに映しだされる飢《う》えた子供たちの姿は、アメリカ政府がソマリア国民に手をさしのべないという選択を事実上不可能にしていました。そこでクリントン政権は、アメリカが単独でソマリア問題に対処することには限界があるという考えから、「積極的な多国間主義」をとなえて、国際機関との協調を重視し、国連のＰＫＯに協力する方針をとります。

しかし、ガーリ国連事務総長の「平和への課題」という壮大な構想のために、ソマリア派兵の目的は、食糧支援という対症療法から、ソマリアの国家建設という大きな問題へと変容していきます。

国連に協力的でないアイディード将軍の身柄を拘束するという任務を負ったアメリカ軍は、そのために、ソマリアの人々から中立的な平和維持軍ではなく、敵としてみなされるようになりました。

そして十月、一八人の米兵が殺害され、その遺体が市中を引きずり回されるという、いたましい事件が起こります。これを機に、ソマリアへの介入はアメリカの国内世論の支持を失いました。派兵継続反対の立場をとる議会に対し、政府も一九九四年春までに撤兵を完了しました。結局、崩壊したソマリア国内の統治機構を再構築するという根本的な問題の解決にはいたりませんでした。

このようにソマリア派兵の例では、一八人の自国兵士の命が犠牲になったことで、損害の許容度は限界に達したのです。つまり、ベトナムやイラクにおいて多大な人的損害を受けいれたアメリカにとって、ソマリアでは「戦死者一八人」以上の利益を見いだせなかったということになります。

なお、ソマリア派兵の問題を考えるには、『ブラックホーク・ダウン』という映画がおすすめです。私たちのまわりの多くの防大生もこれを見ていました。

ここで確実にいえるのは、現代に近づけば近づくほど、とくに人命の犠牲に対する先進諸国の「**敏感性**」(sensibility)は、いっそう高くなっているということでしょう。

したがって、**人的犠牲を最小限におさえ、戦争に勝利しなければならない**という政治的要請が生まれてきます。

その要請は軍隊内においても同様です。現代の軍隊では、その人材の育成に要する予算は拡大する傾向にあります。まず、徴兵という低コストで人材を確保できる制度は多くの国で廃止される傾向にあり、人材確保のために、ある程度の給与と待遇を保証する必要性が人件費を拡大させます。それに加えて、現代の高度な技術に裏打ちされた兵器体系や組織体系に将兵たちを習熟させるためには、多くの時間と資金が必要になります。そのため、ひとりの兵士の人命を失うことのコストはより大きくなっているのです。

戦争の敷居、損害の許容度というテーマについて学んだのは、第一章の冒頭でもお話しした、軍事や戦争の歴史と理論をとりあつかう専門科目においてです。この回の講義の内容に強く興味をひかれ、筆者のひとりである星野は、卒業論文のテーマとして、戦後アメリカの損害の許容限度はどこにあるのかという問題意識から、アメリカの対外介入撤退要因について書くことを選びました。

戦争には、さまざまな形がある

全面戦争か、限定戦争か

戦争ほど悲惨なものはない、これは明らかな事実です。近代的な軍隊が整備され、簡単に人間を殺傷できる機械化された兵器が登場した二十世紀、戦争は総力化し、より大きな破壊と人命の損失をもたらしてきました。これを、「**全面戦争**」(**total war**)といいます。

全面戦争は、「総力戦」とも呼ばれるように、まさに国家の力のすべてを動員する戦争です。戦争遂行のために、あらゆる科学技術や工業力が使用され、大量の機械や兵器が開発・生産されます。さらに、そのような生産を支えるために、大規模な労働力が確保され、戦場に大量の兵士を送る事情とあいまって、人口の大動員がおこなわれます。

国民の動員を安定して継続させるためには、その支持を得つづけなければなりません。そこで政府は、「戦争の正当化」や「敵国の悪玉化」によって国民を鼓舞しようとします。このような一連の流れは、戦争を妥協なき戦いへとエスカレートさせ、敵国の全面降伏を達成するまで、戦いを継続させる原動力になるのです。

その結果、第一次世界大戦では約三七〇〇万人、つぎの第二次世界大戦では約六〇〇〇万人もの犠牲者が出たといわれています。そして、第二次世界大戦の終結からたった五年後に朝鮮戦争が起こった悲劇を考えると、もしかしたら人間というものはもとより破壊を好む生きものなのではないかと、本気で考えてしまいます。世界を巻きこむ大きな戦争を二回も起こして、あわせて一億人の人的犠牲を経験したにもかかわらず、なお人類は戦争に飽きなかったのですから。

さらに広島・長崎に空前の破壊をもたらした核兵器の開発と、戦略爆撃機やミサイルなど運搬・使用技術の発展は、核戦争の危険性を高めました。全面核戦争は、まちがいなく史上最大規模の破壊をもたらし、国家間だけでなく、広く全世界の存亡をも左右する戦争になります。

いわゆる冷戦の時代、アメリカ合衆国とソビエト連邦という二つの大国が、それぞれの勢力圏を率いて対立しました。その対立が破滅的な核戦争を誘発することを防ぐため、逆説的に大量の核兵器の照準を互いに向けあうことになりました。

これは、**相互確証破壊戦略**（ＭＡＤ戦略）といわれるもので、そのからくりは、以下のようになります。

仮にどちらかが核攻撃をしかけた場合、しかけられた側もすぐに報復の核攻撃で応《おう》酬《しゅう》し、互いを滅亡させる意思を示しあいます。そして、互いにそれを信じることで戦争を防ぐという、**「恐怖の均衡」**（**balance of terror**）を成立させるのです。

恐怖の均衡の成立後は、つねに破滅の不安に苦しむ日々でもありましたが、同時に、国家が戦争から得られるものは、破滅以外の何ものでもないことが明らかです。すくなくとも核兵器を用いた全面戦争は、これによって回避されているのかもしれません。しかし、戦争はなくなりませんでした。

朝鮮戦争、ベトナム戦争をはじめとして、一九七九年にはソ連によるアフガニスタン侵攻（アフガン紛争）が起こります。八〇年に始まったイラン・イラク戦争は泥沼化し、一〇年近くにわたって争いがおさまりませんでした。四八年から七三年にかけて、イスラエルを相手に、アラブ諸国が挑んだ四度にわたる大規模な中東戦争は、現代にいたるまで、その火種を消せないでいます。

核戦争や全面戦争にいたらないレベルで、目的と手段を制御して戦われるのが、「**限定戦争**」（limited war）です。軍事力の使用に際して、目的を限定し、限定された手段を選択することによって、本来いわれるところの「政策の手段としての戦争」の遂行をめざします。しかし、そもそも人類史における戦争のほとんどは、この限定戦争であったとも考えることができます。

ところが、こういう見方もできます。一方の当事者にとっての限定戦争は、もう一方の当事者にとっての全面戦争であるかもしれないということです。朝鮮戦争やベトナム戦争では、アメリカにとっては限定された戦争でしたが、北朝鮮や北ベトナムにとっては全面戦争に他なりません。「全面か、限定か」という、明確な境界線を引くことも難しいものです。

そして現代世界では、国家が一方的におこなう、政策の手段としての戦争は、国連憲章がこれを禁止しています。こういったことから、全面や限定といった用語の使用は、主観的であいまいなものになりがちです。

戦争の技術変革

戦争における勝利は、たいていの場合、最新の科学技術の成果を軍事に応用し、それを最適の戦術思想によって有効な戦力に変えることができた側に、もたらされてきました。

第二次世界大戦の初戦におけるドイツ軍の圧倒的勝利は、航空戦力と陸上戦力を有機的に統合した電撃戦を展開することで可能になりました。しかし、そのドイツがイギリスに挑んだ、ブリテンの戦いでは、レーダーと防空戦をうまく活用できたイギリス軍に勝利がもたらされたのです。

第二次世界大戦をアジアに転じてみても同様です。日本の太平洋戦争における初戦の勝利は、当時の最新技術に支えられた優秀な戦闘機と空母をセットにした機動戦闘の成功にあったとみることができます。このような華々しい成果にもかかわらず、日本海軍は艦隊決戦や大艦巨砲主義という戦術思想から脱却することができず、技術を完全に有効活用することができなかったといわれています。

一方のアメリカは、国力にものをいわせた物量戦はいうまでもなく、技術研究への投資もすさまじいものがありました。レーダー防空システムの構築や、ゼロ戦を凌《りょう》駕《が》する戦闘機の開発、目標に近接すると自動爆発する砲弾（VT信管）の配備などを実現し、質と量の両面において、日本に圧倒的な差をつけてしまったのです。さらに、大規模な陸・海・空兵力を、有機的に統合した上陸戦闘の高度な戦術を完成させることで、ガダルカナルをはじめ、フィリピンや沖縄の戦闘で連勝し、日本の勢力圏を着実にせばめていきました。

最終的には、原子爆弾という、戦争の概念そのものを変えてしまうような、最終兵器をつくりだし、それを人類ではじめて使用することで、日本に勝利をおさめたといわれています。

そして、近年の科学技術の進歩によって、より遠くの目標を、事前に気づかれることなく、正確で迅速に破壊する兵器の開発を可能にしました。それは、戦争における人的犠牲を最小限にしつつも、確実な勝利を望む政治的、軍事的要請から生まれたものでもありました。

さらに、コンピューターの高度な情報処理能力や、情報通信技術の発展は、大量の兵力をより効率的に、より正確に、より迅速《じんそく》に運用することを可能にしてきました。

一般に、**RMA（Revolution in Military Affairs: 軍事における革命）**と呼ばれる、この流れは、軍隊の戦闘、兵站《へいたん》、組織、指揮、統制、コミュニケーション、インテリジェンスのすべてに影響をおよぼし、現代戦争に大きな変革をおよぼしています。

ハイテク戦争のはじまり

一九八二年のフォークランド紛争は、南アメリカにあるイギリス領、フォークランド諸島の領有権をめぐって、イギリスとアルゼンチンのあいだで起こった戦争です。アルゼンチンが軍隊をフォークランド諸島に上陸させ、力によって占拠したことに端を発します。

当時のイギリスは、虎の子であった海軍の予算を、財政逼迫《ひっぱく》を理由に、大幅に削減する傾向にありました。この状況がアルゼンチンに、イギリス海軍が弱体化しているという印象を与え、冒険的行動に走らせたともいわれています。

しかし、イギリス軍の全体としての兵器の質の高さに加え、原子力潜水艦による制海権の確保や、士気と錬度《れんど》ともに高い逆上陸作戦によって、フォークランド紛争はイギリスの勝利に終わりました。

この島嶼《とうしょ》紛争は、のちに主流となるハイテク兵器の真価が発揮された戦いでもありました。アルゼンチン軍の使用したエグゾセと呼ばれるフランス製空対艦レーダー誘導ミサイルが、島の奪還をめざすイギリス海軍の艦船に多大な被害を与えたことは、世界の軍事研究者の注目するところとなったのです。

そして、ハイテク戦争の実態がメディアにも注目され、その圧倒的能力が世界じゅうに示されたのが、一九九一年の湾岸戦争です。ソビエト連邦ゴルバチョフ政権の政策転換による冷戦終結ののち、真に平和な時代が訪れるかと思われた矢先、勃発したのがこの戦争でした。

八八年にイラン・イラク戦争を終結させた、イラクのサダム・フセイン大統領は、その二年後の九〇年、隣国のクウェートに軍隊を侵攻させます。この暴挙に対し、国連安全保障理事会は武力制裁を決議し、アメリカを中心とする国連軍が約二カ月の短期間のうちにイラク軍を撃退しました。

この迅速な勝利に、目標をピンポイントで破壊する精密誘導兵器（なかでもレーザー誘導爆弾や巡航ミサイル）や、レーダーに映らないステルス戦闘機など、たびたび当時のメディアで報じられた高度なハイテク兵器が貢献していることは明らかです。

しかし、約八〇万人にもおよぶ多国籍軍の連合作戦を、ＲＭＡに裏打ちされた指揮統制情報システムが支えていなければ、迅速な意思決定と行動、それにともなう勝利は、とうてい不可能なものであったといえるでしょう。そして、その後のアメリカによるアフガニスタン戦争、イラク戦争における大規模な軍事作戦は、すべてこのＲＭＡが、より洗練された形であらわれるものとなりました。

もちろん、このような高度な科学技術の活用が、つねに勝利を導くとはかぎらないということも、だんだんと明らかになってきています。

内戦の恐怖

湾岸戦争が終結して以降、とくに注目されるようになったのが、その発生数を急増させている「**内戦**」（civil war）です。

内戦とは、**ある国家の内側でおこなわれる大規模な紛争**です。内戦において対立する主体は、政府、政治勢力、民族勢力、宗教勢力など多様です。歴史を見れば、政治的な立場の違いや地域の独立運動、政治的自由を求める運動などが武力衝突にいたることがあり、これがしばしば内戦を引きおこしてきました。

討幕運動をともなった日本の明治維新や、アメリカの南北戦争（一八六一‐六五年）、フィデル・カストロとチェ・ゲバラのキューバ革命（一九五三‐五九年）で知られる一連の社会主義革命闘争も、この内戦にあたります。

しかし、冷戦終結後に急増した内戦は、これまでのそれとは、どこか質の違うものでした。現代の内戦は、政治や秩序といったものが不安定、あるいはほとんど破綻してしまっている国家のなかで展開されることが目につきます。

まだ世界が東西冷戦の渦中にあったころ、こういった国々には、たいていアメリカやソビエト連邦の影響力がおよんでいました。どちらの勢力にとりこむかといった勢力争いの文脈のなかで、米ソ両国は、多くの国々の政府あるいは反政府勢力に支援を与えていたのです。それはある意味、世界が二つの超大国のコントロールのもとにあったと見ることができます。

しかし、冷戦が崩壊すると、米ソの支援は引きあげられ、そのコントロールも解かれ、引きあげられた国々には力の空白が生じました。支援を頼りにしていた現地政府は、統治能力を失うことになります。こうして、抑えこまれていた紛争の火種は、一気に地獄の業火《ごうか》となって燃えさかっていったのです。

日本にいると想像もつかないことですが、そういった国家ではたいてい、政府、司法、軍隊、警察その他もろもろ、すべてが腐敗しているということです。その国に統治は存在しません。まさに無秩序の力の真空地帯です。そのような国家を**破綻国家**(failed state)と呼びます。そこでは、政治組織や軍隊、武装集団、犯罪者集団などが、民族や宗教の違いや経済格差、あるいは石油やダイヤモンドなどといった資源の利権争いを理由に、民間人を巻きこんで日常化した殺しあいと奪いあいを起こしています。

さらに、内戦の当事者である、武装勢力や腐敗した政府軍のなかには、子供までも兵士にして戦場に駆りだす例も多く存在します。そこに人権や法などは、ほんのすこしも存在しません。そして、一方的な「ジェノサイド」（大虐殺）や「エスニック・クレンジング」（民族浄化）といった、おぞましい悲劇がおこなわれているのです。

事実、内戦による虐殺で多くの人命が犠牲になっています。一九九四年のルワンダ内戦では、八〇万人ともいわれるツチ族の人々が、フツ族による一方的な虐殺の犠牲になりました。また、いまだに解決されないシリアの内戦（二〇一一年〜）では、すでに一三万人以上の人命が犠牲になっていると報道されています。

こうした背景には、民衆の自由や人権を蹂躙《じゅうりん》する独裁者、民族や宗教という名のアイデンティティを強調した政治的扇動《せんどう》をおこなうことで支持を得ようとする権力者の存在、国境を超えた麻薬取引や組織犯罪、略奪そのものが日々の生業となる不正な経済などがあると考えられています。

人道的な問題を抜きにしても、「内戦なのだから、勝手にやればよい」というわけにはいきません。実際は、内戦が国境を超えた難民問題を引きおこし、治安の悪化により周辺国の安全をおびやかすのに加え、国家が当事者になる戦争をも誘発する事態がたびたび確認できます。

たとえば、バルカン半島のボスニアやコソボ、アフリカのソマリアなどでは、住民への大規模な虐殺を懸念する国際社会が介入に乗りだし、空爆や地上戦など、ほぼ戦争ともいってよい規模の武力衝突が展開されたのです。

「正義とは何か」――新しい戦争

現代の内戦を前にして、国際社会の考え方にも変化が生じています。それは、**「保護する責任」**という概念への注目です。

それまでの国際政治では、「内政不干渉」が大原則でした。内戦は、国内問題としてあつかわれてきました。しかし、何の罪もない無力な市民たちが人権を蹂躙され、ただ虐殺されていくのを、国際社会は黙って見ていていいのかという、道義的な責任問題がつきまとうようになります。

そこで、内戦であっても、実力をもって解決しようとする「**人道的介入**」がおこなわれてきました。「悲劇を止めるためには、戦争も必要だ」という主張は、「正義とは何か」という問題をつねにはらんでいるのです。

しかし、現在にいたるまで、国際社会は内戦の適切な解決方法を見つけられず、ほとんどのケースでむしろ失敗をしています。そして、ソマリアやボスニアでは、最新のハイテク兵器で武装した先進諸国の軍隊が、安い値段で取引される小銃やロケット弾を装備した武装集団の攻撃を前に、苦戦を余儀なくされました。

イギリスの政治学者、メアリー・カルドーは、現代の内戦のような武力紛争を「**新しい戦争**」（**New Wars**）と呼び、かつての戦争、すなわち「伝統的な国家間の戦争」と区別しました。カルドーは、クラウゼヴィッツから受けつがれてきた伝統的な戦争観では、もはやこのような形の武力紛争に対して適切に対処することはできないとしています。

そこで彼女は、これまでとは違う戦争の状況に対して、それに即した適切な対応と変革の必要性を訴えました。

たとえば、内戦下の治安維持や秩序の回復が第一の課題であるために、これからの軍隊は、より「警察的」な機能を備えるべきという議論があるのです。さらに、NGOや多様な民間組織、政府組織と協力して、紛争地の平和を構築していく**「民軍協力」**(Civil-Military Cooperation: CIMIC)の必要性が論じられています。

内戦は、現代世界の重要な課題のひとつといえるでしょう。もちろん、伝統的な国家間の戦争がなくなることはないと思いますが、カルドーが「新しい戦争」と呼ぶように、何かが変わろうとしているのも事実かもしれません。そしてその変化は、二〇〇一年から始まるアメリカの「テロとの戦い」やイラク戦争などによって、より強く意識されるようになります。

テロリズム、それに対する報復戦争

二十一世紀に入り、国際的な**テロリズム**が新たな戦争の原因をつくりだしました。

テロリズムとは、**ある組織がそれをおこなうことで政治的主張や正義を訴え、目的を達成するための非合法的な破壊行為です。なお、その実行により社会的規模の恐怖**

や不安が生みだされて、はじめてテロ行為として成立します。

とくに国境を超えた国際組織によるテロ攻撃は、世界の平和と安定に大きな脅威をもたらします。テロ組織は政治が不安定で、警察が機能せず、治安状況も悪い地域で勢力を拡大していく傾向があります。そういう点では、内戦問題ともリンクしています。

二〇〇一年の9・11同時多発テロ事件では、テロリストがアメリカの世界貿易センタービルや国防総省に、ハイジャックした旅客機を体当たりさせることで、世界とアメリカ国内に大きな被害と恐怖を与えました。

このテロ事件を起こしたイスラム原理主義組織アルカイダは、イスラム圏の諸国に対するアメリカの影響力を低下させ、イスラム教にもとづく政治の実現をめざす組織として、その正当性を訴えることを目的としていました。9・11の犠牲者は約三〇〇〇人にもおよび、新しい世紀における国際テロリズムの危険性を世界に実感させました。

そして、このテロリズムは戦争を誘発したのです。9・11同時多発テロは、アメリカによる報復戦争の契機になりました。当時、ウサマ・ビンラディン率いるアルカイダを保護していたのは、アフガニスタンのタリバン政権だったので、アメリカはアフガニスタンという国家そのものに報復戦争をしかけたのです。

ちなみに、アルカイダの指導者ビンラディンは姿を消し、アメリカがビンラディン本人に制裁を加えるまでに、最終的に一〇年もの歳月を要しました。

さらにこのころから、悪意を持った国や管理のずさんな国の、大量破壊兵器（核・生物・化学兵器の総称）がテロリストの手に渡ることが懸念されはじめます。二〇〇三年のアメリカによるイラク戦争開戦の背景のひとつには、この大量破壊兵器とテロリズムが結びつく可能性への不安がありました。

戦争終結宣言が出されたあとのアフガニスタンとイラクでは、治安維持任務にあたるアメリカ軍兵士に対するゲリラ攻撃やテロリストによる自爆攻撃が頻発《ひんぱつ》しました。なかでも、即席爆発装置（Improvised Explosive Device: IED）と呼ばれる爆弾が、動物の死骸や石片のような形で偽装されて路上に設置され、携帯電話を使った遠隔操作で、軍人たちを車両ごと殺傷していきました。死傷者の数は、戦争終結前のそれを上回る規模です。これらテロリストや民兵たちは常に、民間人の中にまぎれ、彼らと同じ姿をして、兵士たちを翻弄《ほんろう》します。

ここでは、無力な市民をも巻きこむ戦闘がたびたび起こり、テロリズムや内戦、戦争といったものが、いびつで複雑に混ざりあうカオスの様相がそこにありました。高度な科学技術に裏打ちされた、アメリカ軍の洗練された戦闘力は、このカオスを前に、ほとんど役に立つことはなかったのです。

さらに、都市の民衆の中で戦う状況は、必然的に無辜《むこ》の市民を殺傷してしまうことにつながりました。たんなるミスだったのかもしれません。あるいは、極限状況のなかで、魔がさしてしまったのかもしれません。しかし、理由はどうであれ、それは確実に市民たちの不満や怒りを増幅させていきました。

9・11からアフガニスタン・イラクを経て、現代にいたるまで、アメリカの報復的攻撃を前にして、イスラム圏の人々の反米意識は急速な高まりを見せてきました。なかには、みずから志願してテロ組織に入ろうとする人々もいます。彼らにとって、アメリカはもはやイスラム世界の敵なのです。

そういった意味では、ビンラディンがしかけたテロリズムは大成功だったのかもしれません。テロリストに対する報復戦争が、周辺の人々を巻きこみ、またつぎのテロリストを生みだすという、悪循環のはじまりとなったのですから。

余談ですが、防大の国際関係学科にはテロリズム研究の第一人者といわれる教官が在籍しており、筆者たちも講義で三年間お世話になりました。テロリズムはもちろん、大量破壊兵器や軍縮・軍備管理、危機管理などに関する諸問題について、かなりラディカルな口調で、まさに「ぶった斬る」といった表現がふさわしい、たいへん刺激的な講義でした。

その教官はつねづね、「毎日必ず新聞を読みなさい。防大生は全国紙をすくなくとも二紙、できれば三紙以上を読みくらべる習慣をつけるべき」と、忠告していました。三年間の講義のなかで、同じ話を何回聞かされたかわかりませんが、数紙の新聞を読みくらべ、ひとつの問題を多角的な視点から考えてみる習慣をつけることができたのは、この教官による教育のたまものと感謝しています。

つまり、「テロをする側が悪い」、「報復戦争をする側が悪い」といった一面的な見方はできないということです。

戦争のパラダイムシフト

かつて、ボスニア紛争において国連軍司令官をつとめ、欧州連合軍副最高司令官を歴任した元イギリス陸軍大将ルパート・スミスは、現代の課題をふまえて「戦争のパラダイムシフト」という見方を指摘しています。

スミスは、第二次世界大戦に代表されるような、国家間がその総力を動員する「産業・工業化された戦争」（Interstate industrial war）はもはや主流ではなく、これからは「**民衆のなかでの戦争**」（**War among people**）が中心になると主張しました。カルドーの「新しい戦争」の議論にも通じるものです。

これは、世界の平和と安定を維持するために、国際社会の責任ある国々が国連などの枠組を通して、内戦をはじめ、さまざまな紛争の解決へと、介入していくことを前提とします。

そこでは、国家どうしの戦争ではなく、多くがテロリストや武装勢力など国家以外の主体との戦争になることを意味しています。そして、そのような戦いは、民衆のなかでおこなわれることになりますから、いままでどおり、戦車や戦闘機、ミサイルといった、近代的な兵器のぶつかりあいのイメージで想定することは不可能でしょう。スミス自身が、さまざまな紛争解決の現場で奮闘し、経験を積んできたからこそ、実感をこめてパラダイムシフトの必要性を主張しているのです。

そこで紛争を解決するために、スミスが重要視しているのが、現地の民衆の心をつかみ、支持を得ることです。それによって、紛争地の状態を安定させ、法治を実現し、平和を構築していく要にすることができるとしています。

新しい状況に直面した軍事力には、いかなる効用を期待すべきでしょうか。いま、軍隊の役割は、たんなる科学技術の発展の文脈を超えて、本質的変化のなかにあるということができるでしょう。

変化するNATOの役割

こういった問題を考えるにあたって、冷戦後のNATO（North Atlantic Treaty

Organization：**北大西洋条約機構**）の変革と脅威への対応は、大きな参考になるでしょう。

ＮＡＴＯは、東西冷戦期の一九四九年、ソ連の脅威に対抗するために設立された多国間の軍事同盟です。冷戦終結までは、アメリカ、イギリス、フランス、西ドイツ、イタリア、トルコなどといった、ソ連の軍事力や共産主義への脅威に対抗する一六カ国によって構成されていました。条約で定められた地域における加盟国への攻撃に対して、集団で防衛することを確約することによって、ソ連の軍事侵攻を抑止してきました。

日米同盟がアメリカにとってアジア太平洋における戦略の要であるならば、ＮＡＴＯもまた、ヨーロッパ大西洋のそれに他なりません。しかし同時に、ヨーロッパ諸国のそれぞれの利害や脅威認識をバランスよく内包した多機能的な同盟でもあるのです。二〇一四年現在、加盟国は、二八カ国にのぼります。

冷戦後のＮＡＴＯは、同盟の意義と戦略をより広く定義するようになりました。それは、集団防衛に加えて、危機管理なども主任務へと据えることにつながりました。

たとえば、ユーゴスラビアの解体にともなう、ボスニアやコソボの内戦は大きな転機になりました。それがヨーロッパの重大事件であったことから、NATOとしても紛争の調停や軍事介入、平和の回復にいたるまで、強くコミットメントしていったのです。

さらに、アメリカの9・11同時多発テロに際しても、NATOは集団防衛を適用しました。それが、アフガニスタンにおける戦後復興支援という形で、NATOの重要なミッションへつながっていきます。その国際治安支援部隊（International Security Assistance Force: ISAF）は、アフガニスタンの治安を回復し、平和の構築へつなげていくことを目的としており、このため、前述した民軍協力といった多様な分野へ活動の幅が広がっています。

こうした文脈のなかで、軍事同盟としてのNATOが、テロリズムや大量破壊兵器の拡散、民族紛争、国境を越える組織犯罪などといった世界的課題の解決にもとりくむようになり、その姿は、スミスのいう戦争のパラダイムシフトを具体的に考えていくうえでの、重要なモデルになると考えられます。

ちなみにNATOは、日本において非常に認知度の低い軍事同盟でもあります。筆者もかつては、高校世界史でその名を聞いたことがある程度でしかありませんでした。しかし、防大でヨーロッパ国際政治を専門とする教官の講義を受けて、はじめてその存在の重要性に気づかされました。

学生たちは、ヨーロッパがまさに「国際政治の実験場」であることを教えられました。考えてみれば、日々世界に生じる国際問題のトレンドや、歴史の普遍的なケーススタディといったものは、たいていヨーロッパにかかわるものでもあります。安易な比較はできませんが、たとえばNATOを通して、日米同盟というものを考えてみると、新たに見えてくるものもあるのではないでしょうか。

近年、日本人研究者たちの手による『冷戦後のNATO』という、上質で本格的な学術書も出版されています。

話を戻しますが、現在、ルパート・スミスやメアリー・カルドー以外にも、さまざまな論者が「戦争が変化している」と主張しています。この背景には、ロボット兵器や、民間軍事会社、サイバー戦争といった、安全保障における未開拓の最前線の問題が大きくからんでいるのです。

「スマート」なロボット戦争

人命の犠牲という損害をおさえながら、戦争を完遂したいとする、政治的、軍事的な要請は、ついに無人のロボット兵器を生みだすにいたりました。無人戦闘機をはじめとするロボット兵器の活用は、究極的には、戦場に多数の兵士を派遣する必要性をなくすことを意味するのかもしれません。

無人航空機は、一九八二年、すでにイスラエルによってシリアとの戦争で使用されました。湾岸戦争でも、アメリカ軍が戦艦による艦砲射撃の標的偵察に使用していま す。

アメリカ軍は、ロボット兵器の研究開発にたくさんの資源をつぎこんできました。その成果が、空における偵察攻撃をおこなう無人航空機、地上戦闘の危険地帯に投入される無人小型車両などといった形であらわれています。

アメリカ軍はアフガニスタンやイラクの戦場で、苦戦を強いられるようになると、これらの兵器を大量に投入するようになりました。

驚くべきことに、無人航空機は、アメリカ本国の基地から遠隔操作されています。

有人航空機と違って、それは、人間の体力をはじめとする生理的限界をいとも簡単に超越することができます。長時間連続して地上の偵察をおこない、標的を確認したら、ミサイルを撃ちこんで破壊・殺害することもできるのです。しかも、たとえ撃ち落とされたとしたところで、こちら側の人命の犠牲は一切ありません。これは、戦闘の概念というものを根本から変えてしまうほどの衝撃的技術革新です。

地上では、遠隔操作の小型車両が危険地帯に投入され、爆弾処理や偵察に使用されました。なかには、銃器を搭載して、敵を殺傷することもありました。

これらの無人兵器が、戦場の兵士たちの命を救ってきたことは、まぎれもない事実です。

さらに、このようなロボット兵器は、ＡＩ（人工知能）を搭載することによって、もはや大部分で人間の手を必要としなくなってきています。まさに映画や、ＳＦ小説の世界です。

本書では、こういった現状に対する価値判断はおこないません。しかし、自動ロボットや、遠く離れた場所で操作された兵器が、戦場で「スマート」に人間を殺していくという現実に対して、これからの人類はどう向きあっていけばいいのでしょうか。言葉にできない違和感をおぼえずにはいられない問題です。

生物化学兵器をはじめとする、残酷な殺傷兵器が、しばしば国際法によって禁止の対象となるのは、戦争と科学技術の関係にも、ある種の倫理性が必要とされていることを示しているように思われます。

アメリカの若手国際政治学者ピーター・シンガーは、その革新的な著書『ロボット兵士の戦争』でロボット兵器がもたらす、さまざまな影響や未来の可能性を論じています。かつて飛行機が空を飛んだとき、当初、誰もそれが戦争の様相を変えるとは思いませんでした。

はたしてロボットはどんな可能性を秘めているのでしょうか。シンガーは、戦場で人命が犠牲にならないという現実が起こることによって、人類が戦争という選択をより簡単にとってしまうようになるのではないかといった、興味深い論点を提示しています。

さらに、ある国の無人航空機が別の国に撃ち落とされたとするならば、それは自衛権の発動や反撃を許すことになるのかなど、議論はたえません。

なお現在、日本政府は、領空侵犯した無人機に対し、警告に従わないならば、撃墜をふくめた強制措置《そち》をとると表明しています。これに対し、中国国防省はそのような措置を仮に日本がとったならば、一種の戦争行為とみなし、反撃すると主張しています。たった一機の無人航空機で、戦争が引きおこされるとするならば、その恐ろしさは想像もつきません。

ともあれ、無人航空機の軍事における活用は、世界じゅうの軍隊で主流になっています。自衛隊もまた、各種ロボット兵器の研究開発をおこないつつ、アメリカの無人偵察機グローバルホークを導入していく予定です。

民間軍事会社の戦争参加

現代の戦場を戦っている主体が、もはや主権国家の軍隊のみではないことは、周知の事実でしょう。

ただし、戦闘組織として見るならば、国家の軍隊にまさる主体など存在しないと考えるのが当然かもしれません。軍隊の強力な戦闘力は、国家の資源に裏打ちされた大規模で強力な兵器群、徹底された組織的戦闘訓練や近代兵器を運用する技術教育、効率的な兵站など、さまざまな要素が有機的に統合されたものだからです。

しかし、そのような能力を、軍隊でない、別の組織で代替《だいが》えできるとしたら、そのことは、何を意味するのでしょうか。

軍隊が持つ機能の代替えを提供する組織、すでにそれは現実に存在しています。そのひとつが、アフガニスタン戦争やイラク戦争を通して一気に注目されることとなった**民間軍事会社**（**Private Military Company: PMC**）です。

ＰＭＣは、これまで軍隊が主として担ってきた、安全保障にかかわる戦闘行為や後方支援、兵站活動、軍事教練、情報収集などといった、さまざまな機能や能力をサービスとして提供する企業群をさして、呼んでいます。現在のアメリカ軍は、平時における訓練教育の一部や兵員のリクルートにいたるまで、多くの業務をＰＭＣに委託するようになっています。

冷戦終結後の諸国は、国家の政治体制の転換、財政的問題、あるいは平和の配当を得たいという背景から、軍事力の削減をおこなってきました。

そうした流れのなかで、高度な軍事専門教育を受けた、職業としての軍人が退職後、その経験を活かして、軍事専門技能をサービスとして提供する企業を結成するケースがあらわれます。たとえば、アメリカやイギリスといった先進諸国のＰＭＣは、たいていその社員が元特殊部隊の隊員たちで固められています。

それに加え、旧共産国における軍隊の縮小や経済難、世界的な軍縮の流れは、払い下げられた近代兵器が比較的安価な値段で売買されるマーケットを成立させ、このような企業でも、容易にそれを手に入れられる環境ができあがりました。

南アフリカ共和国で設立されたエグゼクティブ・アウトカムという企業は、かつての南アフリカ軍の特殊部隊出身者が中心となっており、九〇年代には、アンゴラ内戦やシエラレオネ内戦で各政府からの依頼を受けて、政府軍の訓練、作戦立案、戦闘行為を担い、内戦における政府軍の勝利に大きく貢献しています。

アフガンやイラクの戦場では、基地や重要施設の警備、あるいは要人警護にＰＭＣの社員たちが活用されました。そういった任務に人員を回せるだけの余裕が、アメリカ軍をはじめ、かの地で活動したすべての軍隊に存在しなかったのです。驚くべきことに、民兵やテロリストの攻撃を受けたアメリカ軍兵士をＰＭＣの社員たちが救出した例が存在します。また、ＰＭＣの社員が、不当に民間人を虐殺したという報道もさかんにおこなわれました。

ＰＭＣは、戦闘行為をおこなう企業だけではありません。基地の設営・運用、物資の輸送といった兵站の面も担うようになっています。世界最大の軍隊であるアメリカ軍でさえも、アフガニスタンやイラクの基地運営や物資輸送の大部分を民間企業が担っていました。

輸送を専門とするＰＭＣには、国連や人権団体に委託されて、危険な紛争地に輸送機で乗りこむ例もあります。

各国軍隊における兵士ひとりあたりのコストや軍隊を大規模に動かすことへの政治的制約が大きくなるにつれ、先進諸国が多くの場面で、ＰＭＣを活用する機会を増加させているのです。つまり現代の紛争は、ＰＭＣにとって非常に大きな市場を提供しているとみることができます。

このようなＰＭＣが軍隊の部分的、時に大部分の代替えとして戦場に出現する現実は、さまざまな弊害《へいがい》を生んできました。

アメリカ軍やイギリス軍では、特殊部隊の隊員たちが、兵士としては得ることのできない大きな収入を求めて、除隊してＰＭＣに入社する傾向が強くなっていることを懸念しています。

さらに、そもそも企業という組織は利潤《りじゅん》を追求する主体であり、軍隊のように忠誠心や規律が重視されるわけではありません。イラクではＰＭＣ社員による民間人の不当な虐殺が問題になっていましたが、彼らは元軍人だったとはいえ、法的な立場では民間人です。それでは、そのような軍事専門技能を持った民間人が戦場で武器を手にとって戦う現実を、戦争法はいかにコントロールすればいいのでしょうか。

またＰＭＣは、その意図が善であれ悪であれ、さまざまなクライアントとの契約によって活動することを意味しています。危険地域で活動する企業や、犯罪組織に雇《やと》われることもあるでしょう。これまで、それほど力を持っていなかった勢力が、ＰＭＣの力を借りて突然、洗練された軍事力を持つことが可能になるのです。事実、次のような事件も起こっています。

二〇〇四年、西アフリカ、コートジボワールにおける政府軍と武装勢力の停戦を監視するため、フランスは軍隊を派遣しました。そんなある日、現地で活動するフランス軍部隊の上空を二機の無人航空機が旋回《せんかい》します。それは爆弾投下の座標を特定する偵察でした。すぐに、ロシア製戦闘機が飛来して、爆弾を投下し、フランス軍兵士九人とアメリカの援助活動家一名が、死亡しました。

フランス軍は、コートジボワールのような貧しい国家で、航空機による正確な攻撃がおこなわれることはないと、油断していたと考えられます。しかし、ここにＰＭＣが一枚かんでいました。

コートジボワール政府は、イスラエルのＰＭＣを雇い、無人航空機による偵察活動をおこなわせていました。そして、ベラルーシ人パイロットを傭兵にして、航空戦力を構成し、フランス軍に「スマート」な攻撃を加えたのでした。

つまり、現代の紛争において、ＰＭＣはもはや無視することのできない存在となっているのです。

二十一世紀、拡大する戦場

情報通信技術のめざましい発展は、世界じゅうのコンピューターを公共、民間とわず自由に行き来できる「網の目のようなネットワーク」でつなげるにいたりました。そのつながりの空間を「サイバー空間」といいます。

いまや、この高度な情報通信技術は、個人だけでなく、企業、軍隊、政府の活動にもなくてはならないものになっています。**サイバー攻撃**は、このサイバー空間を利用して、国家の活動全体に深刻なダメージを与えるものです。

ある日の昼下がり。休日ともなると、多くの人々はインターネットで動画を見たりして暇つぶしをしています。ある会社では、自社製品を購入した顧客の情報をリアルタイムで蓄積・管理しています。原子力発電所は、コンピューターによって電気をつくるための核分裂を精密に制御しています。訓練のため上空を飛ぶ戦闘機は、地上の基地でリアルタイムの航空管制を受けています。

サイバー攻撃は、これらすべての活動に影響を与えることができます。具体的には、相手のコンピューターを遠隔操作したり、情報を抜きとったり、システムを誤作動させるコンピューターウイルスをばらまいたりするのです。銃や爆弾といった兵器をいっさい使わずに、遠く離れた場所から、目標に甚大《じんだい》な被害を与えることができます。

大規模なサイバー攻撃によって、甚大な損害をこうむれば、もはや軍隊は、ハイテク戦争はおろか、その巨大な組織の運用ですらもままならなくなってしまいます。高度な科学技術に支えられた現代の軍事力は、たしかに強力な存在となっていますが、同時に恐ろしいほどの「脆弱性《ぜいじゃく》」もかかえているといえます。

そのため、サイバー攻撃は、この手の技術に長《た》けた個人によっても可能です。おもしろ半分で、世界じゅうにコンピューターウイルスをばらまいた少年もいたほどでした。近年では、各国の軍隊が、サイバー攻撃・防衛を専門とする部隊を配備しています。あらゆる個人や組織、国家からの攻撃に備え、その一方で、いざ戦争が起これば、サイバー空間をも利用して、相手国の経済や軍事活動に影響を与えるための準備をしているのです。

さらに、サイバー攻撃は匿名性が高いため、誰が攻撃しているのか特定することが非常に困難です。実際には、規模をとわず平時から攻撃がおこなわれているとみてよいでしょう。

たとえばアメリカは、自国の企業や政府機関に加えられるサイバー攻撃には中国軍が関与していると主張しますが、当の中国政府は否定しています。

また、二〇一〇年九月、イランのナタンズにある、ウラン濃縮施設にサイバー攻撃が加えられ、ほぼ機能停止に追いこまれるという事件がありました。この攻撃には、アメリカとイスラエルが関与していたといわれていますが、真実は明らかになっていません。

しかし二〇一三年、思いもよらないことで、ひとつの真実が明らかになりました。二〇〇九年からおこなわれてきたアメリカの中国に対するサイバー攻撃の事実を、元ＣＩＡ職員のエドワード・スノーデンが暴露したのです。彼によれば、アメリカ政府が組織的に関与して、中国本土にあるコンピューターへ不正侵入し、情報収集活動をおこなっていたようです。

以上のように、サイバー攻撃は平時においてもおこなわれ、各国はその防衛と攻撃の能力に磨きをかけています。二〇一四年三月、日本の自衛隊も新たに、サイバー防衛隊を九〇人体制で設立しました。

現在、サイバー空間は、陸・海・空・宇宙空間に並ぶ**第五の戦場**と呼ばれるにいたりました。この二十一世紀、どうやら戦場もまた複雑に拡大しているようです。

結局、戦争って何だ?

変わらない戦争、変わりつつある戦争

残念ながら、この世界から戦争がなくなる気配は、当面なさそうです。

平和の祭典であるオリンピックが北京で開催された二〇〇八年八月、ロシア・グルジア戦争が勃発しました。

これは、伝統的な国家間の戦争がいまだ健在であることを示しています。南カフカス(コーカサス)に位置するグルジアは、自国内の南オセチア自治州の独立運動に介入しました。それに対し、南オセチアと政治経済の関係が深いロシアは、同地域のロシ

ア系住民を保護するという名目のもと、グルジアに侵攻し、短期間のうちに制圧してしまったのです。

一方、二〇一一年、アラブ諸国における一連の民主化運動「アラブの春」が、この地域の権威主義的な政治体制を崩壊させていきました。エジプトやチュニジアは、比較的スムーズに体制が倒れたものの、リビアとシリアでは、政府軍と反政府軍のあいだで内戦状態におちいりました。

このうち、リビアの内戦では、政府軍による民間人への虐殺行為が懸念され、人道的介入の必要性が議論されることとなります。国連安全保障理事会の決議のもと、反政府軍を支援するため、アメリカ・フランス・イギリスを中心とするＮＡＴＯ軍が介入し、空爆やミサイル攻撃をおこないました。それが決定打となってリビアのカダフィー政権は崩壊しました。

シリアに関しては、政府軍による民間人への虐殺行為が訴えられ、国際社会のコミットメントが求められてきました。しかし、国連安保理は、ロシアと中国の拒否権行使で決定的な決議をできずにいました。二〇一三年八月にシリア政府軍による化学兵器使用疑惑が浮上し、フランスとイギリス、そしてアメリカで、シリアに対し軍事的制裁をおこなう可能性が議論されたのは記憶に新しいところです。現在のところ、ロシアの調停によって軍事的制裁は回避されましたが、シリアの内戦はあいかわらず継続しています。

そして二〇一四年二月、ロシア・ソチ冬季オリンピックが熱狂に沸いているさなか、隣国ウクライナでは、ロシアとの協力を重視するヤヌコビッチ大統領の政権が、民衆のデモによって打倒されました。ウクライナ新政府は、ロシア寄りの政策を改め、EUと協力していくことを表明しました。

これに対し、ロシアは、ウクライナ国内のクリミア自治共和国に軍隊を送り、クリミア半島を実質的に占拠してしまいます。クリミア半島には、多くのロシア人が生活しており、ロシアはかつてグルジアに軍事介入したときと同様、住民の保護を名目にしました。五月現在、ウクライナ軍とロシア軍との衝突が懸念され、一触即発《いつしよくそくはつ》の事態となっています。

クリミア半島への軍事介入の背景には、租借《そしやく》地セヴァストポリ軍港がこの半島に存在することがあげられています。セヴァストポリ軍港は、ウクライナ領内にありながら、ロシア海軍にとっての地政学的要衝《ようしょう》でした。さらに、かつてロシアとともにソビエト連邦を構成していたウクライナじたいが、もともとロシアにとっての死活的地域であったことなども考えられます。

アメリカのケリー国務長官は、このロシアの暴挙を「十九世紀帝国主義の時代錯誤の手法」であると批判しました。しかし、この表現にこそ、この二十一世紀においても、伝統的な戦争がいまだ健在であることが逆説的に示されているのではないでしょうか。

これ以上ないほどに血塗《ちぬ》られた「戦争の二十世紀」を終えたにもかかわらず、二十一世紀も対立と紛争はたえることがなく、内戦やテロリズムといった新たな暴力が拡散され、それが結局のところ、戦争を誘発する原因にもなってきました。そして、あいかわらず伝統的な国家間の戦争もなくなることはなく、争いの歴史は、現代に近づくほど複雑さを増してきているのです。

戦争というものが、新しい局面を迎え、根本から変化しつつあるのは事実です。しかし、それが伝統的な国家間戦争の消滅を意味するものではありません。これから、「変わらない戦争」と「変わりつつある戦争」は、つねに併存していくことになりそうです。

どこからが「戦争」か

本章ではまず、戦争をルールや許容できる損害といった視点から見て、つぎに、核兵器、ハイテク兵器をはじめとする科学技術の発展や内戦の増加、テロリズムなどといった、さまざまな現象とまじわることによって、その本質を変化させていく過程を考えてきました。

とはいっても、伝統的な意味の戦争は、あいかわらず存在します。つまり、戦争の様相はさまざまな形をとってあらわれていると考えることができます。この複雑な戦争の姿を、どのようにとらえたらよいのでしょうか。

第一章でも述べたように、本書では、戦争を「政治的対立を解決するために、すくなくとも一国以上の国家が当事者となっておこなわれる、武力をともなった争い」と定義しています。

しかし、この定義だけでは現在の戦争すべてを正確にとらえることはできません。また、戦争法でいうところの武力紛争という言葉で、争い全般をとらえるにも、あまりに、ざっくりとしすぎているように思われます。事実、戦争法のルールなどまったく適用されないような内戦が多発しているのです。

戦争の様相を考えるうえでは、もうすこしはっきりとした定義を使用したほうがよいようです。個々の戦争には、当然のごとく規模の大小、形式の違いなどが存在し、たんに「戦争」という、ひとことで片づけられるものではありません。さらに、先進国を中心にして、戦争にともなう人命の犠牲の拡大は、許容できなくなりつつあります。そういう点では、犠牲という言葉は、重要な分岐点といえるでしょう。戦争もまた、細かく分類して考える必要があります。

そこで、国際政治学や安全保障学の多くの研究で使用される代表的な定義の一部を参考にします。それは、スウェーデンのウプサラ大学平和紛争研究所と、ノルウェーのオスロ国際平和研究所の共同プロジェクトが、戦争の包括的なデータ収集をおこなうにあたって使用した定義です。

この定義は、戦争を「**戦死者二五人以上一〇〇〇人未満**」と「**戦死者一〇〇〇人以上**」という二つの分岐点を設けることで区分けしています。これを参考に、より詳しく戦争をとらえてみると、203ページの図のようになります。

この図にある「紛争」は、戦争、内戦、テロリズム、暴力などをともなうすべての争いをふくんだ、もっとも大きな概念です。紛争のなかでも、当事者のどちらか一方が、国家による軍隊であるならば、「戦争」になります。さらに戦争は、戦死者二五人未満の「軍事接触」、二五人以上一〇〇〇人未満の「小規模戦争」、一〇〇〇人以上の「通常戦争」に分類されます。これに最悪のシナリオとして、核兵器の使用がともなえば、とくに「核戦争」と表現されるでしょう。そして、軍事接触は、つねに被害の大きな戦争へとエスカレートしていく可能性をはらんでいます。

一方の「内戦」は、国内領域でさまざまな主体によって戦われます。しかし、これに国家の軍隊がかかわれば、より戦争に近いものとなるでしょう。さらに、諸外国から人道的介入が起これば、まさに内戦と戦争が重なりあう部分になります。

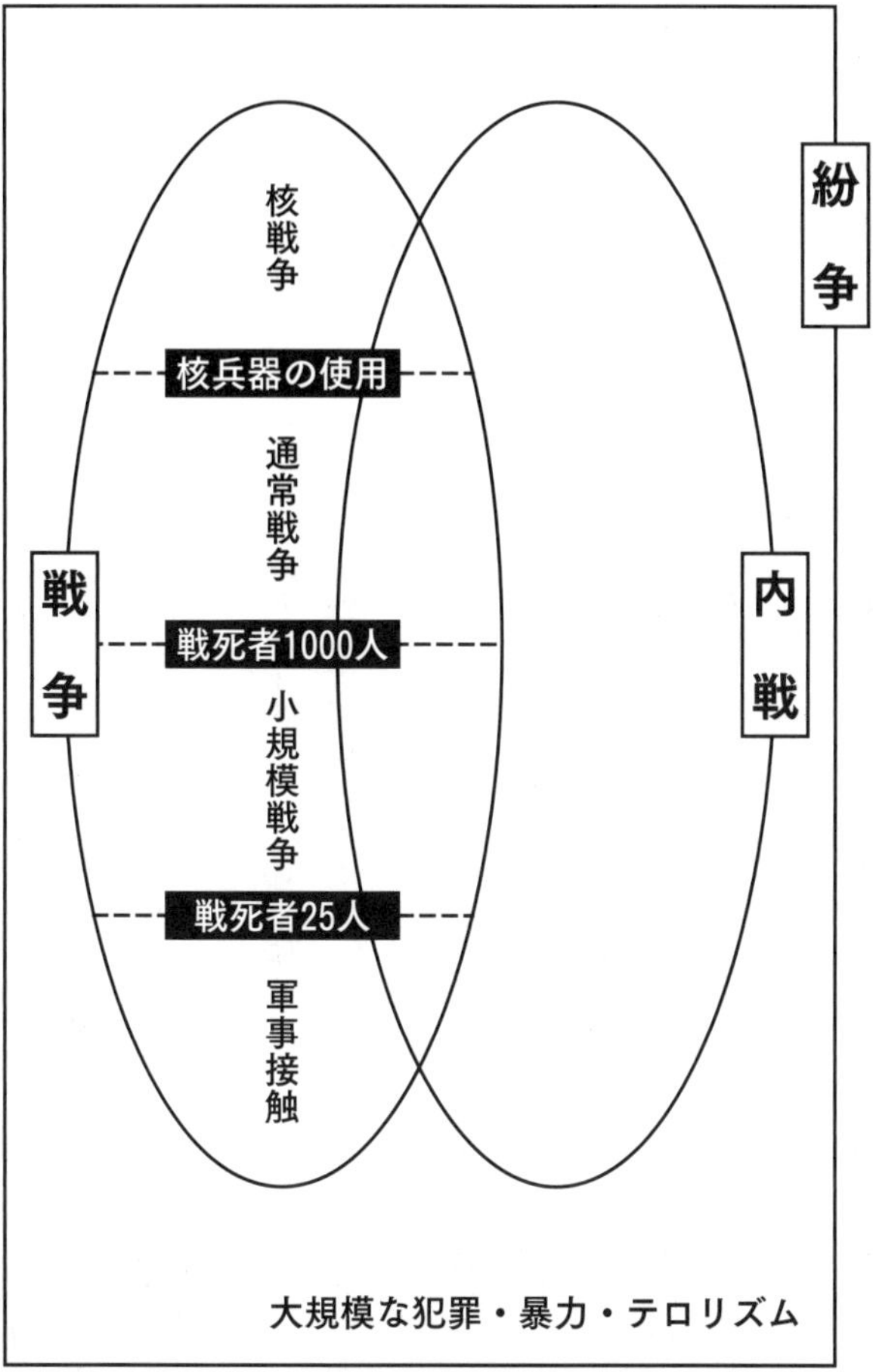

戦争の概念をあらわしたもの。筆者作成
※図中の戦争は、当事者の一方、もしくは両方が、国家の軍隊

また、その多くの場合では、非正規の武装組織がかかわって、ルールなど存在しない大規模な争いが繰りひろげられます。また、ルワンダの例がそうであったように、内戦は時として、一般住民間の残虐な犯罪や暴力に加え、不法なテロ行為をともないます。

内戦への人道的介入に加え、カルドーやスミスの主張する「新しい戦争」や「民衆のなかでの戦争」といった新しい概念は、戦争と内戦、そして暴力やテロなどが複雑にからみあう領域となります。

ちなみに、内戦が核戦争と重なっているのは、核保有国における、軍隊の暴走やクーデターを想定したからです。さらに、小規模な核兵器をふくむ大量破壊兵器が、内戦に使用される可能性も充分にありうるでしょう。世界の核保有国には、アメリカ、イギリス、フランスといった国内統治の安定した国家だけでなく、北朝鮮やパキスタンといった不安定な国家もふくまれているからです。近年では、核兵器や核物質の流出にともなう核テロリズムが懸念されています。

この図から考えられる最重要の結論は、戦争というものが、通常的な思考で予測するよりも、ずっと「起こりやすい」ということです。

とくに、領土問題などの対立を抱えている国家のあいだでは、軍事接触の危険がつねにつきまとっています。自国の無人航空機が、そういった係争地域で故意に撃墜されたとするならば、国家はどのような対応に出るでしょうか。

第五の戦場とも呼ばれるサイバー空間で、サイバー部隊どうしの戦いといった軍事接触が起こると、どうなるでしょうか。

また軍事接触は、戦争かどうかも判断しづらい、グレーな領域を持っているために、あえてこのグレーな領域のなかで軍隊を活動させ、なにかしらの利益を得ようとする国家も出てくるでしょう。

ですから、戦争は絶対に起こらないという保証など、どこにもないのです。しかし、そのような戦争の原因にせまっていくことで、戦争がいつ、どのようなきっかけで起こるものかを知り、そのような事態を回避する努力や、予防措置を講じることができるかもしれません。次章では、いよいよ戦争の原因について見ていきます。

第四章　戦争の原因は、大きく三つある？

かつてニッコロ・マキアヴェッリは、こんなことをいったらしい。

「天国に行くのにもっとも有効な方法は、地獄へ行く道を熟知することである」

戦争の原因（1）――個人

科学的思考の重要性

戦争がなくならなければ、世界に平和は訪れません。戦争の原因とその解決について考えることは、戦争を避ける方法を見つける手助けになるだけでなく、世界平和への道に通じているのではないでしょうか。

ただし、対立と紛争があったからといって、かならずしも戦争につながるわけではありません。では、戦争を引きおこす原因は何でしょうか。

この問題について考えるには、まず戦争という現象の因果関係に、目を向ける必要があります。つまり、そこではある種の科学的思考力が求められます。もちろん、戦争とひとくちにいっても、個々の戦争にはそれぞれに固有の原因があり、その十分条件（これが満たされていれば、必ず戦争が起きているという条件）と、必要条件（戦争が起きたときには必ず満たされている条件）は、両方とも明確にはわかっていないのです。

とはいいながら、これまで多くの研究者たちがその謎に挑みつづけ、たくさんの有意義な蓄積を人類に残してきました。そこには、不完全ではあるものの、一定の共通要素を見いだすことができるのです。

防衛大学校においても、「科学的思考力」をはぐくむ教育が重視されています。この背景には、しばしば科学的な合理性を無視し、精神論におちいってしまうことの多かった、旧日本軍の失敗への教訓がありました。

筆者たちがその重要性にあらためて気づかされたのは、三学年時に、ある教官の授業に出会ってからでした。彼は、戦争や革命、クーデターなど、さまざまな政治現象を複眼的に考察し、時にグローバルなスケールで比較検討してみせてくれました。そして、そこから得られる共通点や普遍的な要素を用いて、明快な理論を構築していきます。

しばしば、この講義のなかでは、その当時のメディアなどで注目された国際問題に対する教官の分析が披露《ひろう》されました。明快にして、漏《も》れのない状況分析に加え、それをやはり理論的に分析された枠組のなかへ落としこみ、予期される未来や選択肢を提示してみせるのです。その美しい思考の妙技に、筆者たちは心奪われたものでした。

その教官はのちに、筆者のひとり杉井にとって最大の恩師となる方です。杉井は、幸運にも、彼のもとで卒業研究の指導を受けることができました。

さて本章では、そのような科学的思考に留意しながら、戦争と平和の論理を比較検討していきたいと思います。うまくいくかわかりませんが、その先に、世界を平和にする方法が隠されているかもしれません。

ウォルツ博士が残した三つの窓

さまざまな理論や状況を落としこむための枠組は、できるだけシンプルでわかりやすいほうがいいに決まっています。私たちにその切り口を開いてくれたのが、二〇一三年五月に八十八歳で亡くなった、アメリカの国際政治学者ケネス・ウォルツです。

ウォルツは、太平洋戦争や朝鮮戦争への従軍を経て研究者としての道を歩み、のちにアメリカ政治学会会長などもつとめた、学界の重鎮です。いわゆる戦争原因論をはじめとするウォルツの国際政治観は、伝統的なリアリズムと対比して、より客観的・

科学的であることから、ネオリアリズムと称されることもあります。

また後年には、「世界平和？　簡単だ。いまよりも、より多くの国が核兵器を持てば、それだけ世界が平和になるかもしれない！」といった、過激な主張を展開した人でもあります。

そんな博士の最大の功績は、なんといっても、世界に戦争の原因を分析するための三つの窓を残してくれたことでしょう。すなわち、**(1) 個人、(2) 国家、(3) 国際システム**という、三つの窓です。

(1) は人間の本質、(2) は国家・社会の性格や構造、(3) は国際社会の構造をそれぞれ意味しています。たったの三つなのに、これがまた、なかなかの見晴らしなのです。これらの窓から見える景色を眺めながら、戦争の原因と平和の実現の方法について考えていきましょう。

アインシュタインとフロイトの対話

第二次大戦が勃発する七年ほど前のこと、歴史に名を刻む二人の天才が、ある問題について白熱した議論をしました。天才の名は、アルバート・アインシュタインとジークムント・フロイト。ご存じのとおり、前者は相対性理論で有名な理論物理学の権威であり、後者は精神医学と精神分析の本家本元ともいえる人物です。フロイトのほうが、二三歳年長でした。専門分野の違う二人の天才は、いったい何を議論したのでしょうか。

実は二人は、一九三二年の往復書簡で、戦争の原因について語りあっていたのです。そのなかで、**戦争の原因が、人間にもともと備わっている攻撃性と破壊を求める本能にある**と注目しています。

戦争の原因をウォルツのいう「個人」という視点で見たとき、真っ先にあげられるのが、**人間の本能を原因とする説**です。なんとそれは、私たち人間の遺伝子に暴力がプログラムされているというものです。

たとえば一九七六年、オーストリアの動物学者のコンラート・ローレンツは、人間をふくむすべての動物の遺伝子には攻撃本能が組みこまれており、この本能が生存の必要条件であるという主張をとなえています。

たしかに、赤ん坊に何か物を渡せばたいてい壊されてしまいますし、公園で遊ぶ小さな子供を何気なく見ていると、案外残酷な遊びをしていたりしますね。暴走族の破壊行動や暴力行為なども、人間の本能にもとづく欲求から生じるものなのかもしれません。

しかし、仮に戦争の原因を人間の攻撃本能や破壊衝動だけに求めるのであれば、人間のあらゆる行動が本能にもとづいていなければ、論理的におかしいということになってしまいます。戦争だけが本能によって起こされると考えるのは、すこし都合がよすぎるのではないでしょうか。

なによりも、人間には理性があります。理性があるからこそ、怒りや破壊衝動をおさえることができます。戦争による利益と犠牲とを天秤《てんびん》にかけたとすれば、たとえ戦争を起こしたい衝動にかられたとしても、戦争を起こしたほうが損をするという状況では、理性によって戦争を回避することができるはずです。

また、人間には学習機能が備えられています。もし、人間の行動が本能にもとづいているという前提に立てば、私たちがどんなにあがいても戦争を防ぐことはできなくなってしまうことになるでしょう。

動物と人間とをへだてる最大の違いは、学習機能にあるといわれています。このことを強調するならば、人間は努力によって戦争を廃絶することができると考えられるのではないでしょうか。アインシュタインとフロイトも、そのように人間が学んでいくことによって、戦争は将来的になくなるのではないかと希望を託しています。

しかし、いまだ人類の学びは、そこまで到達していないことも事実です。そして、忘れてはならない、もうひとつの事実が、この地球上でこれほどまでに同種間の大規模な殺しあいをしてきた動物は、人類だけだということです。

アメリカ南北戦争における南部連合軍司令官、ロバート・リー将軍は、次のような言葉を残しています。

「戦争の悲惨さを知ることはよいことだ。さもないと戦争を好きになってしまう」

こんなに恐ろしい、あなたの欲求不満

心理学の分析によると、**あなたの欲求不満は、戦争を起こすかもしれません。**

人間は、自分の欲求や目標の達成が妨害されていると感じると、恨《うら》みや憎しみが蓄積され、やがて欲求不満状態になります。その欲求不満は、人間を攻撃行動や破壊行動に走らせ、それによって不満状態から解放されると人間は快感を覚えます。

通常、攻撃というものは、欲求不満の原因となった対象に向かいますが、時にはスケープゴートのようにして直接関係のない方向に向けられることもあります。

アメリカの神学者ラインホルド・ニーバーや、「九つの国力」をあげたモーゲンソーは、社会に生きる「普通」の大衆が、時として戦争を求めるようになってしまう恐ろしい現象について、以下のように説明しました。

社会で生活している人々は、個人的な能力の限界や社会的・経済的制約から、自分が求める権力や名声を十分に得ることができずに、不満をためこんでしまう傾向があります。そのような不満を持った人々は、時として自分自身を国家権力に重ねあわせて、自己の不満を解消する目的で、国家に強硬的な対外行動を求めようとするので

す。そしてそれが、彼らにとっての代替的満足手段と化してしまいます。

モーゲンソーは、社会や経済が不安定な状態であったり、身近な安全がおびやかされたりしているときに、このような現象が強まり、急激なナショナリズムの姿になってあらわれると考察しました。第二次大戦における大規模な大衆動員の背景には、このような心理的側面があったと説明されます。

戦争まで行かなくとも、露骨な形であらわされた人種差別や、眉《まゆ》をひそめたくなるようなヘイトスピーチ、過激な政策を求めるデモなんかも、これに当てはまるのかもしれません。

しかし、これらの行動の仕方を、人間が生来持っているわけではありません。むしろ社会のなかで教えられ、模倣するようにして表現されるものだと考えられます。人間の行動が学習にもとづくことを前提にして、戦争の原因は、**社会的にプログラムされた人間の産物である**という見方があります。

アメリカの社会学者ジョージ・ハーバート・ミードは、戦争は生物学的な必然などではなく、社会的な悪しき創造物であり、社会のなかで人間が後天的に学んできたものだと分析しました。そこでミードは、戦争が社会的創造物であるならば、戦争に代わって、対立や紛争を解決する新たな制度をつくることもできるのではないかと主張しています。

このように、あなたの欲求不満は、行動の仕方をあやまると、とんでもない悲劇につながるかもしれません。国民が、日ごろから健康的なストレス解消法を知っておくことは、国家にとっても、そして世界にとっても重要なことなのです。

それは、国家の利益か、個人の利益か

戦争は、基本的に政治家のような、政策を決定できる国家の指導者が決断して始めるものです。それゆえに、**戦争は、指導者個人の意思と決断、あるいは、とんでもない思いこみの結果である**という見方があります。

古代ギリシアの歴史家トゥキュディデスは、**人間の行動は、利益・名誉・恐怖によって影響される**といいました。彼は、紀元前四三一年のペロポネソス戦争を分析することで、そのような考えにいたります。とくに、利益・名誉・恐怖から発生する、**不**

安・焦《あせ》り・おごり・恨み・怒りといった感情が、指導者の決断に強く影響します。

たしかに戦争には、利益を求めておこなわれる一面があります。相手国の持っている領土や資源といった価値を力で奪おうとして戦争を起こすということです。その目的がうまく達せられたならば、戦争を起こした国家、それを決断した指導者は利益を得ることができます。

十九世紀に、ヨーロッパ諸国が、世界じゅうで征服戦争を繰りひろげていたのは、明らかに領土拡大と市場の確保という利益を求めていたからです。利益という点をあくまで強調するならば、アメリカがイラク戦争を起こしたのは、大量の石油利権を求めていたからだという説明もできるわけです。

ただし、国家が戦争をするという理由を、純粋な国家の利益だけで説明するにはあまりにも言葉足らずであり、真実をゆがめてしまう危険があります。より個人的な利益に焦点をあてるならば、政治指導者が自分の権力を維持するという利益のために、戦争を起こす**転嫁理論**であるという見方もあります。

たとえば、経済政策の失敗や権威主義的抑圧のために、大衆に嫌悪されるにいたった政治指導者が、他国との対立を利用して、大衆の不満の矛先《ほこさき》を変えようとすること が、そうです。過去にも、大衆の支持をふたたび喚起するために、軍事力の行使にいたった例がありました。

フォークランド紛争は、転嫁理論の典型例です。当時、アルゼンチンにおける慢性的なインフレや高い失業率を解決することができない軍事政権に対して、大衆の不満や怒りはたいへんな高まりを見せていました。

そこで、時の大統領ガルチエリは、失われた領土を回復するという名目のもと、フォークランド諸島に自軍を上陸させたといわれています。かつての日露戦争におけるロシアの開戦動機にも、国内で起こっていた革命への高まりをおさえたいという願望があったと分析されています。

失う恐怖の大きさ

また、自国の価値や持っていた利益が奪われる危険があると指導者たちが考えるならば、そのことに恐怖をいだきます。いつやられるかわからないという不安は、やられるならば先にやってしまおうと、戦争の決断をさせるかもしれません。

たとえば、勝利の可能性が存在して、その可能性が時間とともに減少していくジリ貧状態におかれたならば、焦りをどんどんつのらせていきます。

この状態は近年、「プロスペクト理論」といったもので説明されています。イスラエル出身の心理学・行動経済学者ダニエル・カーネマンとエイモス・トヴァスキーによって提唱され、のちに国際政治学にもたらされた画期的な理論です。

人間は、何かを得ようとして失敗するときよりも、すでに所有しているものを失うとき、より大きな痛みを感じます。そのため「失う恐怖」から逃れようと、あるいは痛みを軽減しようと、しばしば冷静さを失い、合理的な判断が下せなくなって、普段は犯さないような失敗を犯すことがある、というのがこの理論の基本的な考え方です。

たとえば、一〇〇万円をもらったときのうれしさの度合いと、一〇〇万円を落としたときのショックの度合いをくらべると、額は同じであるにもかかわらず、落としたときのショックの度合いのほうが大きく感じられるでしょう。

合理的なコスト‐ベネフィット分析においては、もらった一〇〇万円も落とした一〇〇万円も同じ一〇〇万円ですが、カーネマンとトヴァスキーのプロスペクト理論によれば、価値の度合いがより大きく感じられるのは、落とした一〇〇万円のほうだということです。

国際政治をプロスペクト理論で考えれば、国家が「自国のもの」であると認識しているものを失ってしまう恐怖を感じたとき、その国家はより大きなリスクをとって行動に出る可能性が高まります。

安全保障のジレンマの状態も、各国がそれぞれの安全を得るためにパワーを増強させ、競争しあう環境が、逆に安全を損ねてしまうというものでした。それは、各国の指導者たちが、恐怖や不安、焦りを絶えまなく増幅させて、相互不信におちいってしまう一面があるからでしょう。

第一次世界大戦直前のドイツにとって、ロシアとフランスを同時に二正面で相手にする可能性は、恐怖そのものでした。その恐怖を克服する作戦こそシュリーフェンプランだったのですが、ロシアが動員体制を強化すれば、作戦そのものがムダになってしまう不安がありました。時間とともに失われていく作戦計画の妥当性は、ロシアの動きも相まって焦りを生みだし、やるならいましかないと、ドイツの指導者に戦争を決断させたのです。

一方でフランスには、一八七〇年の普仏《ふふつ》戦争での敗戦と、アルザス・ロレーヌ地方の割譲、ドイツ皇帝がフランスの象徴たるヴェルサイユ宮殿で即位したという屈辱の記憶がありました。それがフランスの名誉を深く傷つけており、指導者たちが戦争の決断に際して、恨みや怒りの念を増幅させていたことが影響したとも考えられます。

安全保障論を専門とするアメリカの学者スティーブン・ローゼンは、指導者が過去に味わった強烈な感情体験が戦争の戦略決定に強く作用すると指摘しています。

二十一世紀に入ってからも、9・11同時多発テロ後のアメリカのアフガニスタン戦争開戦には、テロへの恐怖やアメリカの名誉の回復、テロ支援国家への怒りや恨みが背景にあったのは確かです。

不完全な生きもの

そこで、むやみやたらに戦争を起こさないで平和を維持するには、戦争を決定する指導者たちが、用心深さや慎重さ、自己を抑制する理性、冷静な判断力を身につけて、簡単に感情に流されないようにすること、すなわち「**プルーデンス**」（**深慮**《しんりょ》）が重要であるといわれているのです。

モーゲンソーは、とくに国家間の対立を外交交渉で解決しようとするとき、交渉の当事者が、自国の価値観や理想を前面に押しだしてしまいがちになるという点の危険性に注目しています。

本来の外交交渉とは、ギブアンドテイクを本質としており、互いの譲歩と共通の利益達成をめざす交渉が展開されなければいけません。しかし、価値観や理想、感情に流され、何が国益であるかという視点を忘れてしまえば、交渉当事者はいっさいの妥協も許さず、交渉は破局し、結局、戦争にいたる可能性が大きくなるのです。

そこでモーゲンソーは、自国の独立と主権にかかわる死活的国益を確保したうえで、相手の国益にも配慮する冷静な姿勢が必要であると主張します。つまり彼は、国益に立脚した思慮深い外交交渉の積みかさねこそが、世界平和への近道であると訴えているのです。

それでは、事実としての戦争の歴史のなかで、指導者たちはそれほど思慮深くなかったということでしょうか。トゥキュディデスが生きた古代ギリシアの時代から、人類は、そういう部分でどれほど成長したのでしょうか。みずから万物の霊長と称したとしても、しょせん人間とは不完全な生きものなのでしょう。

あまりにも迷惑な思いこみ

人間は、自身をとりまく世界を理解するために、現実について「イメージ」をつくりあげ、そのイメージを通じて情報を取捨選択します。

アメリカの国際政治学者ロバート・ジャーヴィスは、こうしたイメージが、人間の行動を決定し、自身がもともといだいている考えや価値観を確認するように世界を判断してしまいがちになると考察しています。そのため、合理的な行動とは思えない政策や戦争を、いともたやすく決断してしまうというのです。

古代ローマの英雄、ユリウス・カエサルが残したとされる言葉は、その状況をよくあらわしているのではないでしょうか。

「人間ならば誰にでも、現実のすべてが見えるわけではない。多くの人は、見たいと欲する現実しか見ていないのだから」

非軍事のパラドックスも、このような思いこみから出てきたものです。イギリスやフランスの指導者たちは、軍事手段に頼らずにヨーロッパの平和を維持しなければならないという価値観を尊重するあまり、その結果、ミュンヘン宥和《ゆうわ》とその後のヒトラーの増長をまねいてしまいました。

しかし、イギリスのチェンバレンは、譲歩さえすればヒトラーをなだめることができると、最後まで信じこんでいたのです。このことが、「とはいいながら、イギリスとドイツとは戦争にならないだろう」という、誤った確信をいだかせたのかもしれません。また、イタリアのムッソリーニは自国が強大であると思いちがいをしており、フランスは自国が難攻不落であると「確信」していたという説もあります。

このように、国家の指導者のいだく「イメージ」が、ことごとく現実から乖離《かいり》していたことが、第二次世界大戦の原因となったと見ることもできるでしょう。

イラク戦争でも、アメリカの指導者たちは、さまざまな誤った確信を持っていました。ブッシュ大統領は、二〇〇二年一月の一般教書演説において、フセイン大統領のイラクは、大量破壊兵器を開発・拡散している「悪の枢軸《すうじく》」(axis of evil) であると宣言し、翌年三月にはこれを攻撃しましたが、結局、大量破壊兵器が見つかることはありませんでした。さらに、フセインなきあとのイラクを容易に民主化することができると「確信」していましたが、これも民主化を遂げることはできないまま、二〇一一年十二月にアメリカ軍はイラクから全面撤退しています。

指導者という個人の思いこみで戦争が起こるとするならば、これほど迷惑なことはありません。しかし、しばしば起きてしまうのが、思いこみなのです。

教訓とコミュニケーション

思いこみは、安全保障のジレンマなど、国際関係が不安定な状態において、起こりやすくなります。ですから、指導者たちは相互のホットラインなどを整備して、もしものときに意思疎通ができるようにしているのです。早急に思いこみだと気づくためにはコミュニケーションが欠かせません。

コミュニケーションを深めることで、一定の透明性を確保し、互いの考えを理解しあうことで戦争を防げるのではないかとする考えがあります。このような一連の方法を、**信頼醸成措置**《じょうせいそち》（**Confidence Building Measures**）と呼びます。

とくに、冷戦時代の一九六三年、アメリカとソ連の指導者間の直接通話が可能になるホットラインが引かれたことが、重要な例としてあげられるでしょう。これは、前年十月のキューバ危機を受けて決定された対策でした。

キューバ危機が起こる前、アメリカから目と鼻の先にあるカリブ海に浮かぶ島国キューバでは、フィデル・カストロが社会主義革命によって権力を掌握《しょうあく》していました。そしてキューバは、ソ連と緊密な関係を築き、それを危険視するアメリカと対立するようになります。そんななか、ソ連はキューバに中距離核ミサイルの基地を建設しはじめたのです。

ソ連がミサイル基地を建設した背景要因のひとつとして、当時の指導者ニキータ・フルシチョフが、アメリカが強硬手段に打って出ることはないと思いちがいをしていたためといわれています。

しかし、フルシチョフの予想に反して、アメリカは、ソ連にミサイル基地の即時撤去を要求します。それでも、ソ連は応じようとせず、米ソ両国は核戦争の瀬戸際まで追いつめられることになりました。

当時、アメリカのケネディ大統領は、第一次世界大戦、そしてミュンヘン宥和によって得られた教訓を意識していたとされています。つまり、簡単に譲歩するわけにもいかないが、その一方で、不測の事態が最悪の結果にエスカレートしていくことを制御しようとしたのです。

ケネディは、空爆や地上軍の侵攻を主張する強硬派をおさえ、実力行使の可能性を残しつつキューバ周辺の海上封鎖を断行しました。そして、多様な窓口を利用して、フルシチョフとの対話と交渉をはかります。それが結果的に、ミサイル基地の撤去というフルシチョフの決断につながりました。

以後、このような危機的状況を回避するため、米ソ両国は相互のコミュニケーションを維持するために、ワシントンとモスクワを直接つなぐ指導者間のホットラインを開設したのでした。

戦争の原因を人間の本性と行動だけに求めることはある意味では有用ですが、同時に限界があるのもまた事実です。戦争の生起には、人間の本性と行動が大きく影響していることは間違いありません。しかし、戦争の原因を個人だけに求めてしまうと、すべての人間が、道徳的かつ善良、そして思慮深き生きものにならなければ、この世から戦争がなくなることはないという結論が導かれてしまいます。

人間の本性を変えることは、かぎりなく不可能に近く、また、すべての国の指導者たちが、何があろうと戦争を起こさないことに同意するというのも現実的ではありません。そこで私たちは、次の窓をのぞいてみることにしましょう。国家という窓です。

戦争の原因（2）——国家

世界を平和にしようとした妖怪の物語

国際政治における多くの事象は、国家のさまざまな行動の集積であると見ることができます。そうであるならば、戦争の原因も、それぞれの国家を注意深く観察することで、おのずと明らかになるかもしれません。戦争の原因を国家に求める見方は、国家・社会の形態や性格が戦争と平和の鍵を握るという考えにもとづくものです。

これは、ゲゲゲじゃない、ある妖怪の物語です。

「ヨーロッパに妖怪が出没する。共産主義という妖怪が」

ドイツの革命思想家カール・マルクスは、みずからが起草する『共産党宣言』をこのように書きだしました。マルクスによって提唱され、レーニンらによって発展したマルクス主義の世界観は、まさに戦争の原因を国家に求めた、代表的な思想といえます。

産業革命の進む十九世紀なかばのヨーロッパ諸国には、劣悪な労働環境がありました。マルクスは、これを批判し、劣悪さの根源を資本主義に求めました。その説によれば、資本主義は、搾取《さくしゅ》する側の**資本家階級**（ブルジョワジー）と、搾取される側の**労働者階級**（プロレタリアート）を生みだします。つまり、資本主義経済のなかの労働者たちを、けっしてむくわれることのない、とても哀れな貧民だと考えたのです。

この**搾取という支配**は、労働者の反発によって階級闘争に発展します。闘争のなかで、労働者たちが団結して革命を起こし、資本家を倒して政治権力を手に入れ、民衆が不当に抑圧されることのない共産主義社会をつくりあげることを理想としました。

マルクス自身は国際政治の枠組で共産主義を詳しく論じることはなかったのですが、マルクスの思想を継承した議論は、のちに国際政治学や国際関係論の分野にも多大な影響を与えました。

このような世界観に立てば、「**資本主義国家こそが戦争の原因**であるので、労働者階級が団結して国家に革命を起こして資本主義を打倒し、共産主義社会を打ち立てることによって世界に平和がもたらされる」というわけです。

マルクスに強い影響を受け、その理論を国際政治に導入したのが革命家ウラジーミル・レーニンでした。彼は、ロシア革命によって帝政ロシアを崩壊させ、社会主義経済体制を導入し、社会主義国家ソ連を建国したことで知られています。

マルクス主義には、**経済（下部構造）こそが、政治や社会（上部構造）のすべてを決定するという世界観（経済決定論）**があります。レーニンは、この世界観にもとづいて、戦争の原因は、国家の資本主義体制にあると考えました。

すなわち、資本主義国家では、国内で消費しきれないほどの生産物と資本が蓄積されます。すると、この余剰《よじょう》生産物と余剰資本の販売先・投資先として外国市場を自国の支配下におこうとするようになります。そして、海外植民地と独占的な経済利権の獲得に乗りだし、資本主義は帝国主義に変貌します。その結果、他の資本主義国家ともぶつかりあうようになり、利害対立と奪いあいの戦争が引きおこされるというのです。

レーニンは、その著書『帝国主義』のなかで、このような戦争にいたる図式を提示し、それが資本主義の必然的産物であると主張しています。当時、ロシア革命を主導していたレーニンにとって、第一次世界大戦はまさに帝国主義戦争に他なりませんでした。

しかし、多くの戦争には経済的動機がその背景要因のひとつにあったとしても、それだけがおもな原因であるとは限りません。

また、共産主義国家が平和を導くという理想は、戦後の歴史的事実によっても否定されています。一九六〇年ごろからはじまる中国とソ連の対立は、同じ共産主義であるにもかかわらず、政策路線の対立から、両国国境周辺の武力衝突にまでいたっています。さらに、共産主義諸国の団結を名目に、ソ連は東ヨーロッパの共産国に武力をおよぼし、体制を否定する民衆運動などを弾圧しました。

そして結局、一九九一年のソ連崩壊によって、「世界を平和にしようとした妖怪の物語」は、事実上の終焉《しゅうえん》を迎えたのでした。

ハンバーガーや低価格パソコンが、世界を救う？

ソ連が崩壊したとはいえ、マルクス主義は、資本主義国家の指導者たちに強い危機感と恐怖を与えつづけてきたのは、まぎれもない事実です。

それが資本主義国家の指導者たちに、労働者を保護し、労働環境を改善する福祉政策を進めさせる要因のひとつとなったのは、皮肉なことでした。現在、資本主義経済の労働者たちは、先進国を中心にマルクスの時代よりも多くの権利を手に入れています。

さて、マルクス主義が主張した「資本主義こそが戦争の原因である」という考えは、実際のところどうなのでしょうか。ところが現代世界は、どこもかしこも資本主義の市場経済システムに組みこまれています。ロシアや東ヨーロッパの国々に加えて、いまだ共産党が政権を担う中国やベトナムでも、市場経済システムの大部分に自国の経済発展をゆだねています。

そんななか、「**資本主義の進展が世界を平和にする**」という、もう一方の極ともいうべき見方が出てきました。「なんだ、それは？」と思われる方も多いかもしれません。しばらく、この一見奇妙な論の真偽を追ってみましょう。

アップルやソニーなどといった、いわゆる多国籍企業（グローバルカンパニー）は、積極的に自社資本を労働賃金の安い海外に移し、そこに工場を建てることで、製造コストをおさえた自社製品を世界じゅうに輸出します。さらに、輸送や通信の技術が劇的に向上したことによって、ひとつの製品をつくりあげるのに、簡単に世界じゅうの製造会社から部品を安く大量にとりよせられるようになりました。これが、グローバルサプライチェーンと呼ばれるものです。

資本主義の世界への拡大にともなうこれらの流れは、もはや誰もが聞いたことのある言葉、**グローバリゼーション**のひとつの側面として説明されます。ヒト・モノ・カネ・情報が速く、大量に、そして自由に国境を超えて動きまわっているのが、現代社会です。

アメリカのジャーナリスト、トーマス・フリードマンは、戦争は簡単にはなくならないという前提に立ちます。しかし、グローバリゼーションの進展によって、すくなくとも国家間の戦争を減少させることができると、ユニークな視点で説明しました。

たとえば、マクドナルドのハンバーガーは、世界じゅうで食べられています。フリードマンは、それがグローバリゼーションの波に乗り、世界各国へ出店していることに注目しました。そしてなんと、「マクドナルドが出店している国家どうしでは戦争をしない」とまで、いいきっています。

彼は、これを**「紛争防止の黄金のM型アーチ理論」**と名づけました。ちなみに「M」とは、マクドナルドのあのシンボルマークのことです！

国家がグローバルな市場経済とつながるようになると、その国家の生活水準は向上し、マクドナルドの店舗が利益を上げられるほど、ハンバーガーを食べる中流層が増加します。マクドナルドが出店しているという事実は、その証明でもあります。そういった国家に住む人々は、現状にあるていど満足していて、軍事力を使うコストを高く見積もり、もはや戦争という選択肢をとりにくくなるというのです。

さらにフリードマンは、多国籍企業のグローバルサプライチェーンに注目し、**「デルの紛争回避理論」**というものを提示しています。これは、多国籍企業のサプライチェーンに深くかかわる産業を持つ国々は、戦争という選択肢を選びにくくなるという理論です。

たとえば、デル社の低価格パソコンは、適時適切にコストをおさえた部品をとりよせるため、アジア圏の多くの国々の産業に依存しています。これにより、デル社のような多国籍企業のサプライチェーンに組みこまれた国々の産業は、たくさんの利益を上げることができます。

仮に、そういった国家が戦争を選択した場合、多国籍企業は供給不全のリスクを嫌って、資本や生産ライン、技術者などを引きあげることになるでしょう。当事国の政治指導者たちは、その可能性を認識することで、必然的に戦争をした場合の、自国経済のダメージを強く考慮しなければならなくなります。

M型アーチ理論も、デルの紛争回避理論も、けっして戦争がなくなるといっているわけではありません。また、アメリカ人であるフリードマンが、アメリカ企業の世界貢献をひいき目に見ているきらいがないわけではありません。とはいえ、彼の二つの理論を読みとくと、戦争の可能性を減少させる効果がまったくないとは思えないのが、興味深いところです。

国家間の関係性に注目するならば、ジョセフ・ナイが、現代の国際関係を**複合的相互依存**関係にあると考え、国家どうしが、互いにとってかけがえのない存在になりつつあることで、戦争という選択肢のコストが上がっている点を指摘しています。

さらに、アメリカのシンクタンク、ランド研究所は、アメリカと中国が軍事衝突するリスクを考察したレポートのなかで、**経済的相互確証破壊**という概念を指摘しています。

これは、核兵器による戦争の抑止をめざした相互確証破壊に似せた表現で説明したもので、すなわち、緊密な「経済的相互依存関係」が成立している国家間では、戦争による経済のダメージは非常に大きなものになるため、結果として、そのような国家間における戦争は回避されうるというものです。

もちろん、資本主義の世界的な拡大は、平和を約束するものではありませんが、戦争を減少させるのに役に立っているという考えもあるということです。

押しつけ注意の「デモピー」

ところで、日本の経済体制は資本主義であり、その政治体制は民主主義です。いまや世界の多くの国々が同様に、経済面では資本主義を、そして政治面では民主主義を採用しています。

ここまでは、国家の性格や形態のなかでも、経済体制に注目してきましたが、はたして政治体制には、どのような効果が期待できるでしょうか。「民主主義を世界に広めることこそが戦争を根絶する」という見方についても考えてみましょう。

その前に、民主主義（democracy）そのものの概念について確認しておかなければなりません。民主主義とは、簡単にいえば「人民による国家統治」のことです。人民が多数決によって政治的な意思決定をおこなう制度を、一般に民主主義と呼びます。

修学旅行に持参するおこづかいの額を決めるとしましょう。このとき、その上限を先生が勝手に決めてしまうのが専制主義、生徒が多数決で決めるのが民主主義、個人の自己裁量にゆだねるのが自由主義です。先生だからって、専制的にふるまうのはよくありません！

それはさておき、代表的な民主主義国家は、冷戦時代にアメリカを中心とする西側陣営に属していた国々です。では、北朝鮮（朝鮮民主主義人民共和国）は民主主義国家といえるのでしょうか。国名のなかに「民主主義」なんてワードをドヤ顔で入れてしまうくらいですから、民主主義がどのような概念であるのかを知らなければ、北朝鮮を民主主義国家だと誤解してしまうかもしれませんね。もちろん北朝鮮は、非民主主義国家です。

それでは、どのような条件を満たせば、民主主義国家と呼ぶことができるのでしょうか。民主主義といっても国によって成熟度はさまざまですが、すくなくとも二つの条件を満たしていることが、民主主義国家として見なされるための最低条件だといえます。そのひとつが「**自由で公正な選挙**」がおこなわれることで、もうひとつが「**複数政党制**」をとっていることです。

さて、さきほどの「民主主義を世界に広めることこそが戦争を根絶する」という見方の雛形《ひながた》となったのが、アメリカの国際政治学者マイケル・ドイルらによって議論され、のちにブルース・ラセットらによって計量的に提示された「**デモクラティック・**

ピース（民主的平和論）」といわれる理論です。筆者たちはこれを勝手に略して「デモピー」と呼んでいます。ちなみに、いつの時代でもいる「デモ好きなピープル」のことではありません。

これは、**民主主義国家どうしは戦争しない**という単純明快な理論なのですが、注意すべきは、民主主義国家が戦争をしないということではなく、民主主義国家どうしは戦争しないと主張している点です。

では、なぜ民主主義国家どうしは戦争をしないのでしょうか。

民主主義国家では、たとえ指導者が戦争に踏みきろうとしても、政策決定の過程にはさまざまな手続きを経なくてはなりません。その手続きは複雑をきわめるため、何をするにしても、時間と手間を必要とします。

また、戦争へと踏みきる前に、指導者は次の選挙の心配もしなければなりません。戦争を起こしたところで、はたして勝利の日まで自分の指導者としての地位を維持することができるのでしょうか。勝つかどうかもわかりませんし、勝ったとしても、多くの自国民が命を落とすかもしれません。長引くことで、経済状況が悪化するかもしれません。どれひとつをとっても、支持率の低下に直接つながります。

主権はあくまで国民にありますので、とくに戦争に関してはその同意を得にくく、その場合、国家を戦争に導くのは非常に難しいものとなります。

これでは、戦争のために、多大なコストをはらうはめになります。さらには、これが民主主義国家どうしの戦争になると、単純に考えて二国分の手間がかかることになります。このようにして、理屈のうえでは、民主主義国家どうしの戦争は非常に起こりにくいものになります。

「民主主義国家は戦争をしない、だから世界に民主主義を広めるべきだ」と考え、実際にその意思と能力の両方を持ちあわせた国家といえば、やはりアメリカ以外にないと思われます。

真相は定かではありませんが、ブッシュ（子）政権で政策ブレーンをつとめたアメリカのネオコン（新保守主義者）は、世界各国の自由化・民主化を推進する一環として、イラク攻撃に踏みきるよう大統領に進言していたともいわれています。

しかし、自由化・民主化を推進するという理由で、戦争をしていては元も子もありません。いうまでもなく、アメリカは多大なコストをはらったあげく、イラクの民主化に失敗しているのですから。

民主主義は、完全？

ついでに述べておくと、民主主義はけっして完全でも、万能でもありません。悪名高きヒトラーは、民主主義にのっとった自由選挙で政治の表舞台に登場し、民主主義的な手続きを踏んで総統に就任し、のちに歴史に名を刻んでしまうわけです。もちろん悪い意味で。

実は、民主主義について、歴史上のさまざまな偉人たちが批判的な見解を残しているのです。

古代でもっとも有名な「反民主主義者」といえば、プラトンでしょう。その弟子であるアリストテレスは、民主主義を「貧困者の支配する」体制であると述べています。

また、十八世紀のフランスの啓蒙思想家ヴォルテールは、「民主主義はきわめて小さな国土にのみ適している」との見解を示しており、「保守主義の父」として知られるアイルランド出身の政治家エドモンド・バークは、「この世で、もっとも恥知らずなもの」と民主主義をこき下ろしています。さらに、第二代アメリカ大統領のジョン・アダムズは、「民主制が存続するかぎり、それは貴族制や君主制よりはるかに血なまぐさいものだ」なんて言葉を残していたりします。

しかし、民主主義に関する名言といえば、やはりウィンストン・チャーチルのものがいちばん的を射ているように思われます。

「民主主義が完全で賢明であると見せかけることは、誰にもできない。実際のところ、民主主義は最悪の政治形態ということができる。これまでに試みられてきた民主主義以外のあらゆる政治形態を除外すれば、だが」

つまり、民主主義とは、人類が長い試行錯誤《しこうさくご》と犠牲をはらって手にした、もっとも「マシ」な政治体制なのかもしれません。あくまで、マシなものでしかないとすると、これはよいものだからといってむやみやたらに押しつけても、反感をかってしまうのはわかりますね。民主主義が、そうでない国家に受けいれられて定着するには、時間と蓄積と納得が必要なのかもしれません。

防衛大学校では、伝統的に、民主主義時代の日本を支える士官教育が重視されてきました。このことから、民主主義への深い理解が求められています。とくに、「民主主義と服従の精神」、「自由と規律」という、一見矛盾するような主題にいかに向きあっていくかということが問題になります。

これに対して、初代校長の槇智雄は、「規律なくして真の自由はなく、遵法精神または正義に服従する意思なくして真の民主制度は成立しない」と語りました。この絶妙なバランスは、合理性と合法性がともなって成立していきます。この先にこそ、民主主義の成熟があるというのです。

それでは、どこに理想的な均衡点があるのでしょうか。そもそも民主主義に完成はあるのでしょうか。おそらくこれらは、どこまでも問われつづけなければならない問題です。しかし、制度に関してつねに改善の余地が残っており（残っていることを前提にして）、それを自由に議論できるという点において、民主主義が他の政体にくらべてマシだといわれる背景があるのかもしれません。

現代国家の主流は、もはや資本主義経済であり、民主主義の政治体制です。この二つはたしかに万能ではありません。しかし、経済的な関係の深化や民主主義国の増加という流れに、世界から戦争を減少させていく可能性が期待できるとするなら、それは非常に注目すべき見方です。

戦争の原因（3）――国際システム

「だけど、やっぱり国家はいらない」という方へ

これまでくりかえし述べてきたとおり、国際システムの最大の特徴は「**アナーキー**」（**無政府状態**）であるということです。ここまできて、またアナーキーかといわれるかもしれませんが、戦争と平和について考えるうえでは、これはもっとも大切な概念です。

そして、このアナーキーこそが、戦争の原因であるという見方があります。イギリス国際政治学の父とも呼ばれるマーティン・ワイトは、主権国家間がアナーキーであることが戦争の根本的原因であると主張しています。この章の主人公であるウォルツも、世界がアナーキーであるがゆえに、戦争を防止するものが存在しないので、戦争は起こってしまうと分析しています。

国家よりも上位の権力が存在しないなかで、対等な主権国家が、時に協力しあいながらも、その一方で国益追求のために争い、競いあう社会、それが現状の国際システムです。主権国家体制といわれる、このような国際システムの基本構造は、一六四八年のウェストファリア条約締結以来、連綿と受けつがれてきた「既成事実」なのです。

もちろん、アナーキーが国家間の利害対立と紛争を生みだすとはいえ、それが必然的に戦争にいたるとは断言できません。戦争はあくまで対立と紛争を解決するための手段のひとつであって、話しあいで解決できることもありますし、現実には国家間の協力体制も存在するのです。

しかし、戦争がたびたび起こってきた歴史をふりかえるならば、アナーキーは戦争の誘因となる、いわば「舞台装置」であるといえるでしょう。その舞台上で、第一の窓、第二の窓で見てきたような、さまざまな要素が複合的に影響しあいながら、戦争を生起させると考えられます。

ここでひとつ、お願いがあります。それは、主権国家なんてなくなってしまえば、戦争もなくなるなんて考えないでください。

かつてジャン＝ジャック・ルソーは、主権国家こそが戦争の原因であるといいました。しかし、トマス・ホッブズにいわせれば、主権国家がないと、そもそもの平和も平穏な暮らしも、存在しません。

仮に、政府も警察もいないアナーキーな国家に住んでいるとするならば、そこは、はたして平和で平穏な社会でしょうか。現代も続く内戦の背景を思いだしてみれば、すぐわかります。ちまたでは、そのような国家を**破綻国家**と呼び、国際テロ組織の人々は「アジト」と呼んでいるらしいですよ。

「いや、それでも国家や政府なんてないほうが平和な社会になる！」と思われる方は、ぜひソマリアやイエメンにでも移住してみてください。ちなみに筆者は、四年間の鍛錬むなしく勇気が足りないのか、そんなこと、とても怖くてできそうにありません。

もはや宇宙人による地球侵略しかない⁉

では、アナーキーを克服する世界政府が実現すれば、この世から戦争はなくなるのでしょうか。

世界政府をつくる過程では、おそらくさまざまな問題が生じるでしょう。誰がそのトップに君臨するのか。政治制度はどうなるのか。ほかにも、通貨は、法律はと、問題をあげればキリがありません。

ともすれば、世界政府樹立の過程で世界大戦になってしまう可能性も否定できません。SF小説じゃないですが、それこそ「世界最終戦争」です。強力な核兵器が存在することを考えれば、世界政府をつくるための大戦争が終わってみたら、この地球上に人類はいなくなっていたというオチになるかもしれません。これでは、お後はよろしくないですね。

ＳＦ小説ついでにいえば、仮にどこかの宇宙人が地球侵略にやってきたら、人類は危機感と恐怖から国家間の利害を超えて、地球規模の団結と連帯をなしとげられるかもしれません。そのシナリオに関しては、これまで映画や小説、漫画の世界でたくさん制作されてきたので、現実にやってきても準備ができていて安心です。ただし、そんなハリウッド映画みたいな展開に、お約束どおり全米は震撼《しんかん》するかもしれませんが。

話を戻しましょう。たとえ、そのような多大なる課題を乗りこえ、世界政府を実現できたとしても、世界じゅうで内戦が増えつづけている現状を考えるかぎり、国家間の「戦争」が、たんに「内戦」に変わるだけなのではないでしょうか。

いずれにせよ、現段階において世界政府の樹立は非現実的であるといえます。主権国家体制よりもマシだと思える国際システムをつくりだすことができない以上、現状の国際システムを放棄しないようにすることが大切です。そして、現状の国際システムの基本構造がアナーキーである以上、この世から戦争がなくなる可能性はきわめて低いといえるのです。

しかし、それを少しでも防止するために、人類は現実に即して、主権国家間の秩序、すなわち**国際秩序**を打ちたてようとしてきました。イギリスの国際政治学者ヘドリー・ブルは、国際秩序を「**国際社会の基本的ないしは根源的な目標を支える行動のパターン**」と定義しています。


勢力均衡のためには、トモダチをつくらない

国際秩序に関連して、「**勢力均衡**」（balance of power）という考え方があります。これは、各国のパワーが均衡する状態になったとき、世界に安定、ないし平和が訪れるという理論です。

逆に、この理論の上に立てば、**勢力均衡が崩れたときに**、**大きな戦争が起こりやすい**と説明できます。そこで諸国家は、意識して国家間の勢力を均衡させ、安定した秩序を構築しようとします。

勢力均衡は、アナーキーな国際システムのもとで国家安全保障政策の理論的裏づけとなってきた伝統的な考え方であり、古くは、二五〇〇年以上も昔の中国、春秋《しゅんじゅう》戦国時代の合従連衡《がっしょうれんこう》に始まり、ヨーロッパではイタリア戦争（一四九四－一五五九年）においてはじめて見られてから、現在にいたるまで、形を変えながら国際政治の基礎をなしてきました。

伝統的な勢力均衡政策は、まず特定の国、あるいは国家群が圧倒的なパワーを得て、突出することがないようにすることを目標とします。その目標にしたがって、国家間のパワーの均衡を生みだし、互いに牽制《けんせい》し合う関係を築き、自国の生存と利益を確保しようとします。その関係のなかで、国家間が互いの存在と多様性を認めあい、現状の安定に価値を見いだし、その状況から利益が得られると認識します。そして、自国の利益について妥協したり、身勝手な行動を自制したりすることをめざします。

それでも、勢力均衡にしたがおうとしない国家や、パワーで突出しようとする国家が出てくれば、他の諸国と共同するなどして圧力を加えるのです。このような国際関係の均衡状態をつくりあげようとする国家は、空気を読みながら柔軟に動きまわらなければなりません。

勢力均衡をつくりだす具体的かつ伝統的な方法としては、力の弱い国が強い国に対して軍拡したり、同盟を組んだりすることが、まず基本になるでしょう。そして、他国の内政に干渉して分裂を助長したり、相手側の勢力の仲間割れをはかったりするなどして、他国または他国家群の力を弱めるように働きかけるという方法もとります。

ですから、「昨日《きのう》の敵は今日の友」というのは日常茶飯事です。まさに複雑にして、奇々怪々な権謀術数の政策ラインナップです。

歴史上、勢力均衡政策が世界に安定をもたらした例としては、「**ヨーロッパ協調の時代**」があげられます。それは、イギリス、オーストリア、フランス、プロイセン（のちのドイツ）、ロシアの五大国による勢力均衡でした。十九世紀のヨーロッパ、とくにナポレオン戦争の終結から二十世紀にいたるまでの期間は、歴史的に見ても比較的平穏な状態が維持されています。

この協調の時代をもたらした要因のひとつが、イギリスの勢力均衡政策でした。当時のイギリスは強力な海軍力を背景にして、時と場合に応じて協力体制や肩入れする先を組みかえ、さまざまな勢力へ柔軟に加わることで、ヨーロッパ諸国間の勢力均衡を保っていたのです。

十九世紀、イギリスの宰相パーマストンは、次のように語りました。

「大英帝国には、永遠の同盟国もなければ、永遠の敵国も存在しない。大英帝国の国益こそが永遠であって、不滅なのだ」

この言葉ほど、イギリスの勢力均衡政策の本質を雄弁にあらわしているものはないでしょう。まさに「光栄ある孤立」です。

余裕がなくなると、トモダチが欲しくなる？

ところが、実際のところ、ヨーロッパ協調の勢力均衡政策は、国際秩序の安定とはいいながら、ポーランドをはじめとする当時の小国の存在を簡単に犠牲にし、ヨーロッパ以外の地域では植民地を奪いあっていました。また、ヨーロッパの域内においても、クリミア戦争（一八五三 - 五六年）や普墺《ふおう》戦争（一八六六年）、普仏戦争（一八七〇 - 七一年）などが起きているように、けっして戦争がなかったわけではないのです。それが、伝統的な勢力均衡政策そのものへの批判点でもあります。

また、勢力均衡政策がいつも世界に安定をもたらすとはかぎりません。むしろヨーロッパ協調の時代は、歴史のなかでも例外的な期間です。その後、均衡の破綻が第一次世界大戦を引きおこしたことから、勢力均衡はむしろ多くの問題点をはらんでいるのではないかという、否定的な見解が強まりました。

まず、勢力均衡は国家間のパワーの均衡をめざす政策ですが、そもそも国力を正確に計量することはできません。前にも述べましたが、パワーとは相対的・関係的な概念なのです。

さらに、自国の国益を最優先に考えるのが国際政治であるとすれば、どの国家も自国がすこしでも有利になるような動きを見せます。政治指導者たちにとっては、やはりすこしでも余力や利益がなければ安心することはなかなかできないものです。

そうなると、結局のところ、軍拡競争に発展していく可能性は生じてしまいます。同盟を柔軟に組みかえていくことも難しくなります。

イギリスは、二十世紀前後になると、工業力や軍事力で追いあげるドイツにおびやかされ、それまでのフットワークの軽さはなくなっていました。第一次世界大戦前夜には結局、三国協商と三国同盟の二つの同盟に分かれて、ヨーロッパは硬直し、均衡は崩壊してしまっていました。

「光栄ある孤立」を決めこんでいたイギリスは、自身に余裕がなくなってはじめて「トモダチ」を求めました。そして、このことが勢力均衡による秩序を崩壊させる一因にもなったのです。

ヨーロッパの勢力均衡には、光栄あるイギリスという、フットワークの軽い**バランサー**が必要だったことになります。どうやら、「オレ、本当のトモダチいないんだ！」って、胸を張っていえる人は、本当に強い人なのかもしれません。

しかし、国家間のパワーの均衡によって一定の国際秩序をつくっていく流れは、伝統的なものから形を変えつつも、現代まで連綿と続いています。

いま、日本が自衛隊と日米同盟を強化し、東南アジア諸国と連携しようとしている背景には、中国の力の増大に対する懸念があるのはいうまでもありません。

これはアメリカも同じで、二〇一一年からアジア地域に、外交・軍事政策の力点を集中させようとしてきました。東アジアにパワーの均衡をつくりだし、中国の力による現状変更行為を抑制しつつ、対立と紛争を武力ではなく、対話によって解決する秩序を構築しようとしていると見ることができます。

どうすれば、国際関係において安定した力の均衡がもたらされるのか。その答えを見つけるためには、これからも試行錯誤の連続となるにちがいありません。

国連という、不完全なシステム

国際秩序をつくる、別のアプローチについても考えてみましょう。

第一次世界大戦の原因について、アメリカ大統領ウィルソンは、ヨーロッパの勢力均衡政策が、そもそも国際秩序を構築できなかったことにあると考えました。そこでウィルソンは、一九一八年一月、第一次大戦を終結させるために発表した十四カ条の平和原則のなかで、勢力均衡に代わる国際平和秩序の設立を提唱します。これが一九二〇年に**国際連盟**（**League of Nations**）として実現しました。

それから、第二次世界大戦を経て、フランクリン・ルーズベルト大統領の強いリーダーシップによって一九四五年十月に発足したのが、現在の**国際連合**（**United Nations**）と、それにもとづく**集団安全保障体制**（**Collective Security System**）です。

これは、国際的な制度を構築して、平和を実現しようとするアプローチです。いわば、**制度による平和**です。このような国際制度は別名、**国際レジーム**とも呼ばれます。日本の国際政治学者山本吉宣《やまもとよしのぶ》は、このような国際レジームを「**国家間の関係を統御する規範やルールのセット**」と定義できるとしています。

現代の集団安全保障体制は、国連に加盟するすべての国（二〇一四年一月現在、一九三カ国）が関係します。そこでは、戦争はもちろん、平和をおびやかす行為が原則的に禁止され、それを破った国家は、**国連安全保障理事会**（**安保理**、**United Nations Security Council**）が決定する経済・武力制裁を、全加盟国から受けることになっています。

この体制のもとで許される戦争は、主として二つです。侵略を受けた国やその同盟国による「**自衛のための戦争**」（**自衛権、あるいは集団的自衛権の行使**）と、安保理が決議した「**武力制裁のための戦争**」です。

しかしながら、集団安全保障体制は現在まで、その機能を十分に発揮したことはありませんでした。わずかに、朝鮮戦争と湾岸戦争で、武力制裁が部分的に機能したにすぎません。

安全保障体制がうまく機能しないのには、さまざまな理由がありますが、そのもっとも決定的な要因こそが、体制を指導する安保理そのものに機能不全がある点です。

安保理の最終的な決定と行動を担う**常任理事国**（**Permanent Members**）は、アメリカ、ロシア、中国、イギリス、フランスという、第二次世界大戦の戦勝国で構成されています。そして、安保理はあくまで、これら五カ国の利害が一致したときのみ、有効に機能します。

というのは、この安保理が意思を表明するには、棄権もふくめて、常任理事国である五カ国すべての賛成がなければならないからです。どれか一国でも反対すれば、安保理はそれこそ何もできません。まさにワンマン企業の取締役会のようなものです。ですから、戦争と平和というデリケートな問題で、主権国家間の意思が統一されることなど、そもそも難しいと考えられます。

さらに、国連加盟国のなかで、体制から得られる安全という利益だけを受けとり、義務化されているはずの、経済・武力制裁をおこなうコストをできるだけ負担しないようにする国家が出てきます。いわば、税金を払わずに行政サービスを受けとろうとするような人々に似ています。これを**フリーライダー**（タダ乗り屋）と呼びますが、そのような国々が増えると集団安全保障は、なおさらうまく機能しません。

なんだかんだいって、国連は必要？

しかし、アナーキーな世界に存在するほとんどの主権国家が、この集団安全保障体制に参加している事実は重要です。この世界で主権国家が戦争と平和の問題をあつかううえでの指針、正か不正かの基準が、すくなくとも一定のコンセンサスで存在することを証明しているからです。

たとえ、うまく機能しないものであったとしても、国連加盟国であるかぎり、国家の指導者たちは、集団安全保障の原則を彼らの政策決定に際して、つねに気にかけていなくてはならないことになります。

そういう意味では、一定の規範が存在しているのでしょう。よほどの超大国でもないかぎり、普通の国家がこの規範を破れば、国際社会で多くの友好国を失い、孤立することになるでしょう。

アメリカのイラク戦争は、安保理の決議を得ずに強行されました。アメリカはこの単独行動によって、国際社会における名声をいちじるしく損なったといわれています。超大国であるアメリカですら、多くの批判を受けるのですから、それ以外の国家であればなおさらです。

同じパワーの行使であっても、それが合法的なものなのか、非合法的なものなのかで、まったく効果がちがってくるのは明らかです。国連はすくなくとも、これを決める基準を提示しています。

さらに、ダグ・ハマーショルドのような、すぐれたリーダーシップを発揮した国連事務総長や、多くの現場の職員たちが、これまでさまざまな国際紛争の解決に尽力し、世界の平和と安定の維持のために、具体的にとりくんできたことを忘れてはなりません。

紛争地で、時に大けがを負い、時に命まで落とした国連職員たちの献身は、平和、平和と口にするだけで、実行のともなわない政治家とくらべても、明らかに敬意を持って称賛されるべきです。ハマーショルド第二代事務総長は、コンゴの内乱のために何度も現地を訪問し、その道中に事故死しました。

また、紛争地の停戦監視や治安維持、復興を担う、ＰＫＯという国連を通した協力の枠組は、世界じゅうの紛争地で活用されています。日本の自衛隊も、これに参加することによって、世界の平和と安定に、胸を張って貢献する機会が与えられているのです。

国連と集団安全保障という規範は、なんだかんだいっても、厳然と存在しています。しかし、だからといって、国連のみに自国の安全をゆだねることなど、現実的に不可能です。けっして万能ではないことを忘れずに、あまり過大評価をしすぎないほうが無難です。

結局のところ、国家は、機能不全がある国連に、自国の安全保障のすべてをゆだねるようなことは絶対にしません。自国の安全を守るために、軍備を整え、同盟を組み、国家間である程度のパワーの均衡をつくりあげながら、時に協調し、時に対立する一定の秩序を形成しています。

国連と集団安全保障体制という国際制度は、国際関係を安定させ、秩序を形づくる、あくまでも、ひとつの要素にすぎません。

信頼関係のつくり方

国際制度に関連して、国連とは別に、国家どうしが積極的に安全保障に関する協力の枠組やルールをつくり、国際関係を安定させようとする動きもあります。国家間の相互不信が、武力衝突の可能性を高めるのなら、その不信を減少または予防しようとする試みです。

初歩的なものとしては、外務や防衛にたずさわる人々の交流をおこなう例があげられます。防大では、中国軍の士官候補生をまねいて、国際会議を開いたこともありました。実際に、顔の見える関係となって対話をし、一定の信頼関係をはぐくもうとするものです。

さらに防大は長年、モンゴルやインドネシアなどをはじめとする多くのアジア諸国から軍人の留学生を、五年間という長期間で受けいれています。国家は違いますが、士官候補生どうし、苦労を分かちあい、汗を流し、寝食をともにすることで、軍人どうしの固い友情をはぐくもうとするものです。

筆者たちの在学中にも、長期・短期ふくめて、さまざまな国家からの留学生がいました。もちろん、防大からも、アメリカや韓国の士官学校をはじめ、さまざまな国家の士官学校に学生を留学生として派遣しています。

防衛当局者の、より高いレベルになると、海賊対処やテロ対策、災害対処などの、比較的国家間で協力しやすい課題に関して話しあったり、多国間の共同訓練をおこなったりすることで、相互の信頼を構築していく試みも増えています。たとえ対立関係にある国家どうしでも、安全保障分野で協力できるところを少しでも模索していこうというわけです。これには漸進的《ぜんしん》ではありますが、長期的な紛争予防効果や平和的な国際環境の構築が期待されています。

さらに、ＡＲＦ（ＡＳＥＡＮ地域フォーラム：ＡＳＥＡＮ諸国を中心に、アメリカや日本、中国、韓国、ロシアなど二六カ国が参加）のような大きな枠組ともなると、その時々の懸念される安全保障問題を話しあう格好の場ともなります。ARFは、アジア太平洋地域の国家間の紛争や対立が、武力衝突に発展することを未然に予防することをめざしています。

以上のような一連の協力の枠組やルールを構築して、国家間の信頼関係を醸成していくことを、**協調的安全保障**と呼びます。

もちろん、このような国家間の協力の枠組を破っても、国連の集団安全保障のように制裁を受けることはありません。また、力による現状変更を本気でめざしているような国家に対しては、その効果はきわめて低いものとなります。実際に紛争が起きても、それを解決する能力を持ちあわせていないからです。

それでも、国家間のコミュニケーションを維持する場としての価値は十分にあるでしょうし、さらに、海賊の活動や国際テロを予防していくうえでは、かなりの効果が期待できます。

現在の日本は、このような地域間・国家間の協力の枠組を重層的につくりあげていくことで、全体的な安全保障環境の安定をめざしています。

一極化？　二極化？　それとも、多極化？

ふたたび、均衡という視点に戻りましょう。

これまで勢力均衡の考え方をもとに、世界に平和が訪れる国際秩序の条件について、さまざまな議論が重ねられてきました。

はじめにモーゲンソーは、現実の困難は多いものの、各国のパワーがうまく均衡することで世界に安定と秩序がもたらされると考えました。

さらにウォルツが、二極、すなわち世界に二大勢力があらわれている状態のときこそ、もっとも安定し、戦争勃発の危険性が低くなると考えます。

ウォルツの考え方に立つならば、アメリカとソ連という、二大国によって世界が二極化していた冷戦時代こそが、もっとも世界が安定し、秩序が保たれていたと見ることができます。これを二**極安定論**と呼びます。アメリカの外交史家ジョン・ギャディスは、米ソ冷戦の時代を「**長い平和**」(**The Long Peace**) と評しています。

その一方で、ドイツの国際政治学者カール・ドイチュと、アメリカのデーヴィッド・シンガーは、多くの大国、つまり極の数が増えることで、国家間の関係硬直が防がれ、戦争発生の可能性が低くなるという**多極安定論**をとなえています。

また、それらに対して、国際政治経済を専門とする、アメリカのロバート・ギルピンは、圧倒的なパワーを誇る国家、いわゆる**覇権国家**（Hegemon）の存在に注目しました。彼は、一極の覇権国家が、国際秩序を維持するためにその能力を使おうとする意思を持つとき、平和と安定が世界にもたらされるとする**覇権安定論**を提唱しています。

覇権安定論でいうところの覇権国家は、たんに軍事力のみに特化した超大国とは区別されます。覇権国家のもっとも一般的な定義は、パワーのいくつもの側面、具体的には軍事力、経済力、文化的影響力、政治力などにおいて圧倒的に優越する国家というものです。

冷戦期のソ連は超大国ではありましたが、覇権国家ではありませんでした。覇権国家の例としては、十七世紀のオランダ、十九世紀のイギリス、二十世紀のアメリカをあげることができるでしょう。

とりわけ戦後のアメリカは、軍事力と経済力を基盤とした圧倒的な国力を背景に、国際社会にそのパワーを拡大させ、覇権国家としての確固たる地位を築きました。たとえば、ドルを基軸通貨とする自由貿易体制を整備し、諸国家を巻きこみ、率先してそれを維持発展させることにより、安定した世界経済秩序をつくりあげたともいわれています。

さらにアメリカは、世界各地に軍を展開し、軍事的、または非軍事的な対外関与を通じ、国際秩序の安定ないし国際紛争の解決において、一定の役割を果たしてきたのです。政治的・経済的影響力、そして軍事力において他国の追随を許さないアメリカが、「**世界の警察官**」としての役割を担ってきたとされるのは、よく知られるところです。

しかし、近年のアメリカは、かつての勢いを失いつつあります。イラク・アフガニスタンでの多大な犠牲や、さまざまな国内問題に疲れきり、オバマ政権のアメリカは「世界の警察官」としての士気が揺らいでいるのです。元ＣＩＡ職員スノーデンによって暴露された、同盟国に対する国家安全保障局（NSA）の通信傍受など、生々しいスパイ活動の実態が、国際社会におけるアメリカへの信頼を大きく失墜《しっつい》させました。そんなこともあり、現在では、さまざまな論者が「アメリカ衰退論」をとなえるにいたっています。

現在のアメリカが、国内問題に忙殺され、「世界の警察官」として影響力をふるう余裕を失いつつあるのは事実でしょう。米国内の世論調査でも、過半数の国民が、アメリカは自国の問題に専念すべきであるという結果を示しているものもあります。

とはいえ、アメリカはけっして弱体化しているわけではありません。現時点で、アメリカに代わって国際政治、経済の面で国際社会に影響力を発揮できる国家は存在せず、とくに、蓄積がものをいう軍事力に関しては、アメリカを超える国があらわれることはおそらくないでしょう。単年度の軍事予算であれば、中国がアメリカを追いぬくこともあるかもしれませんが、兵器の質、運用力をふくめた総合的な軍事力でアメリカを超えることは、当面なさそうです。

パワー・トランジション理論と東アジア

覇権安定論に関連して、アメリカの政治学者オーガンスキーは、平和は覇権国家の「力の優越」が存在した期間に実現したという見方を立てました。

彼は、もっとも戦争が起こりやすい状況とは、「新たな挑戦国」（Great Power）が「古いリーダー国」（Dominant Power）に追いつき、追いこそうとするときであると主張しています。

これをパワー・トランジション理論といいます。つまり、**現状変更国**（Revisionist Power）**が現状維持国**（Status Quo Power）**に追いつき追いぬこうとするパワーの移行期に世界は不安定になり、戦争が起こりやすくなる**ということです。

戦争のコストが低いとき、パワーの上昇過程にある現状変更国家が、自国の優位を早期に確立するために機会主義的戦争に出ることがあります。とくに現状変更国家は、敵対国に対してパワーで優位に立った好機を利用して戦争を起こすといわれています。

その一方で、覇権安定論を提唱したギルピンは、パワーで優位に立っている側が、現状変更国に追いぬかれる不安や恐怖から「予防戦争」を起こすと主張しています。オーガンスキーの見方もギルピンの見方も、理論的にはどちらもありえるように思われます。しかし、この両者の理論がきれいに当てはまる歴史的事例はありません。

歴史的な事例で覇権主義的戦争に近いものとしては、枢軸国（独・伊・日）対連合国（米・英・仏・ソ・中など）という構図で戦われた、第二次世界大戦があげられます。「持たざる国」であるドイツ・イタリア・日本は、典型的な現状変更国でした。一方、アメリカ・イギリス・フランスなどの「持てる国」は、現状維持国と見立てることができます。

現状変更国とは、いいかえれば現状に不満があり、現状を変革したいと強く望んでいる国家です。たとえばドイツは、大穀倉地帯であるウクライナ、石油がとれるロシアのカフカス地方を獲得しようと、着々とパワーを強化して、外側に膨張していきました。

このようなドイツの対外膨張政策の背景には、自給自足国化への渇望《かつぼう》がすくなからずあったように思われます。イタリアや日本も同様に、食糧や資源の確保には苦労しており、周辺諸国へ進出する動機としては、けっして弱いものではなかったはずです。これらは、文字どおり「持たざる国」でした。

さて、視点を現代に移しましょう。いま、このようなパワー・シフトが起こっている地域はどこでしょうか。そうです、日本が属する東アジアに他なりません。

経済規模だけで見るのは適当ではないかもしれませんが、中国は二〇一〇年にGDP（国内総生産）で日本を追いぬき、世界第二位の経済大国となりました。そして、この状況にオーガンスキーの理論を当てはめれば、現時点は、まさに「現状変更国（中国）が、現状維持国（日本）を追いぬいた直後」であると見ることもできるわけです。これはあくまで理論上の話ですが、一考の余地があるように思われます。

もちろん、広大な国土を持ち、豊かな人口に加え、経済成長をとげる中国が、より強力な大国になっていく現実は避けられませんし、当然のことです。オーガンスキーのシナリオではなく、責任ある中国の平和的な台頭という未来を願わずにいられません。

平和は訪れないし、戦争もなくならない

戦争は、アナーキーな世界を舞台にして、ウォルツの第一の窓（個人）、第二の窓（国家）で見てきたような、さまざまな要因によって引きおこされます。そして同時に、平和をめざすための、さまざまな方法が提示され、試みられています。しかし、現実に戦争がなくなる可能性は、いまだ存在しません。

現実をふまえ、これまでの議論を総合して考えれば、この世界から戦争をなくす抜本的な方法など存在しないことがわかります。もし存在するとしても、その方法じたいが、とりかえしのつかないほどの破壊や破滅を人類に与えてしまうものなのではないでしょうか。

アナーキーな国際システムを変えるために世界政府の樹立を試みたところで、世界統一の過程で多くの人命が犠牲になるかもしれませんし、仮に世界政府が樹立されたとして、悲惨な世界が待ちかまえている可能性も否定できないのです。

人間の本能や国家の性格、世界の根本的なしくみなど、戦争の原因は、たくさんの要素が複合的にからみあったものです。複合的であるゆえに、ひとつの原因をとりの

ぞいたところで、戦争をなくすことはできません。

では、戦争はどうやったら、なくなるのでしょうか。

諸国家が適切な力の均衡点を見つけ、多くの積極的参加に恵まれる国際制度を張りめぐらし、完璧な国際秩序をつくりあげる。可能なかぎり豊かな資本主義経済や成熟した民主主義といった制度を、世界中の国々が採用し、へだたりなく恩恵を受ける。感情に流されず、諸国民と政治指導者たちが互いに自制と協調を学んでいく――。

理想的な姿をいろいろと述べることは簡単です。しかし、現実世界を見れば、それがとうてい不可能なことは、すぐにわかるでしょう。

そうです、いまのところ、世界に平和は訪れません。

できることといえば、それぞれがベターな解決方法を見いだし、それを組みあわせながら、地道に実践して確かめていくことだけなのかもしれません。そうやって、戦争を減らしていく以外に道はないでしょう。

そして今後も、私たちがとるべき道は、戦争がなくなることのない現実を、まずはありのままに受けいれ、しっかりとそのリスクに備え、多様な視点から戦争の原因を見据えていくことです。そのうえで、どうすれば戦争を少しでも防止し、抑制することができるのかを真剣に考えつづけ、そのアイデアを愚直に実行しつづけることです。それしか道はありません。

一九六二年四月六日、槇智雄は、防大第十期入校生に向かい、次のように語りかけました。

「ホッブズの言は、不正無秩序の支配に対する極端な論理であります。しかし、これは今日の国際社会に対して、一度、混乱の起きた時の極端の論理としても成立すると考えられるのであります。もちろんわれわれは国際社会における友誼《ゆうぎ》や修交、同盟や集団保障に大きい望みと信頼をかけております。また正義の支配する恒久平和と、このための国際機構の実現の可能性にも、固い信念を持っております。しかし同時に、今日の平和が力の均衡にあるという危険極《きわ》まりない事実に目を覆《おお》うこともできないのであります。不正と暴力を制御する力に欠け、または弱い時、変に際し、乱においても、みずから備えずみずから守らず、誰が備え、誰が守り、何を頼りにして平和と安全を確保することができましょう」

このスピーチが採録されているのが、槇校長自身の著となる『防衛の務《つと》め』です。この本には、彼が防大校長として、朝礼や卒業式などの、おりにふれて学生たちに、防衛の考え方やあるべき姿を語りかけた言葉がつづられています。防大のアイデンティティ、あるいは自衛隊の精神的拠点ともいうべきものを、それらの言葉、槇校長の思想と人格のなかに見いだすことができます。

一九六二年の槇校長のスピーチに出会ったとき、筆者たちはまだ二年生でした。そして、修練を積み、勉学を重ね、この言葉を心から理解できたのは、卒業間近となったときでした。

誰が備え、誰が守るのか——。それではいよいよ、日本の防衛を考えていきます。

第五章　これからも日本は、平和主義をつらぬく？

一九五一年、東西冷戦がまさに苛烈《かれつ》をきわめていたころ、アメリカの外交官ジョージ・ケナンはシカゴ大学で講演し、学生たちに次のように語りかけた。

「かつてあれほどの安全を享受《きょうじゅ》していた国が、どうしてこれほどまで安全を失ったのか。この事態の悪化は、どの程度まで我々自身の過誤《かご》によるものであるか。どの程度我々が、我々を取り囲む世界の現実を理解せず、またこれを考慮に入れなかったことに起因しているのであるか」

中国の圧力を前にして

現状変更国がすぐ隣に

　日本が平和を維持していくために、戦争はつねに起こりうるという前提に立って、これを予防しなければならないのは、いうまでもありません。同時に、国際関係が冷徹な力の政治の上になりたっているという現実を直視する必要があります。国家の主権と独立を維持するという死活的国益を見すえたうえで、危機を想定し、この危機に備えてはじめて、経済発展や国内の安定がもたらされます。

　しかし、安全保障とは空気のようなものです。なくなってはじめて、しかも残酷な形でその重要性を思い知ることになるのです。

　現代日本の安全保障において、重要なカギとなるのは、やはり中国の動向でしょう。尖閣諸島周辺におけるせめぎあいや、防空識別圏の設定など、中国は、力による現状変更を想起させる着実な行動を続けているからです。

事実、日本の自衛隊も、中国軍の動向をふまえた戦略構築と能力強化に乗りだしています。よって、中国との不測の事態はつねに想定しておかなければなりません。そこで本章では、主として「対中国」という視点から、これまでに見てきた世界と安全保障の理論に当てはめて分析を試みようと思います。

何度もいうとおり、国際社会において、日本は**現状維持国**であり、中国は**現状変更国**です。中国の経済や軍事力における台頭は、東アジアにおけるパワーバランスをいちじるしく変化させており、これを**勢力均衡論**や**パワー・トランジション理論**で考えるならば、東アジアの国際秩序は不安定な状況にあるといわねばなりません。つまり、「戦争が起こりやすい状況」が存在することを示しています。

二〇一四年二月、フィリピンのベニグノ・アキノ大統領は、米紙ニューヨークタイムズのインタビューで、南シナ海の島嶼《とうしょ》部の領有権をめぐる中国の現状変更行為に対して、国際社会が宥和する危険を警告しました。

フィリピンは、スカボロー礁《しょう》をめぐって中国と対立していますが、二〇一二年、すでにその岩礁は、中国に奪われています。アキノ大統領は、武力による現状変更行為を国際社会が黙認することで、まちがったメッセージを中国の指導者たちに与えかねないと懸念を示したのです。

ここでアキノ大統領は、かつてヒトラーのズデーテン地方割譲要求に、イギリスやフランスが宥和した結果、第二次世界大戦につながってしまった歴史を例に出しました。かつてヨーロッパで起こったことが、いままさにアジアで起こっているというわけです。

日本もまた、彼女のいうように、中国の武力による現状変更行為を容認するわけにはいきません。たとえ平和を願ってのことであっても、そのような行為は、結局平和を失う結果につながります。平和を望んだ結果、戦争をまねく——これこそが、**非軍事のパラドックス**（**戦争回避のパラドックス**）の落とし穴なのです。

ここで、もしも日本が東アジアにおいて軍事力の有効活用をおこたり、**力の空白**（**Power Vacuum**）をつくってしまえば、日本だけの問題にとどまらず、東アジア、ひいては世界のパワーバランスは、さらに混迷するでしょう。そして、中国の力による現状変更行為を前にして屈服するという、悲劇の結末をたどることになるでしょう。

そこで、まず日本がとるべき道は、安易な妥協ではなく、**パワーの均衡**を保つという選択に行きつきます。

中国共産党が合理的な政治判断をするなら、かならず軍事力の行使、すなわち戦争によって生じるコストを計算するはずです。これが、「**戦争の敷居**」論です。軍事力を行使することによって生じうるコストにくらべて、得られる利益のほうが少なければ（失う損失のほうが大きければ）軍事力は行使しません。逆に、軍事力を行使するコストより、それによって得られる利益のほうが大きいと判断すれば軍事力を行使することになります。

ですから、日本が一方的に軍縮したならどうなるでしょうか。当然、中国が日本に対して軍事力を行使したときのコストは相対的に低くなるわけです。

見方によっては、軍縮がたとえ平和的解決を示したものだったとしても、このことが、かえって相手に軍事力を行使するよう「挑発」しているように受けとめられてしまうかもしれません。「その程度の軍事力なら、恐れるに足りない。いつでもかかってこい」というメッセージとして受けとめられたら、戦争が起こる可能性は、むしろ高くなってしまいます。

ゆえに、日中間の戦争を避けるためには、つねに軍事バランスに注意を払うことで、パワーの均衡をめざし、日本が軍事的に「弱者」になることを避けなければなりません。「戦ったら互いに大きな被害が残るだけで、そちらにも何の得にもならないから、戦争という手段は回避しよう」というメッセージを送りつづけるのです。

どうやってパワーを均衡させるか

とはいえ、どのような形の均衡が、もっとも安定した秩序をもたらすかは、いまだ定説はありません。しかし、すくなくともパワーを均衡させることで、中国の行動を牽制《けんせい》し、自制をうながす余地を与えることは、確かでしょう。

そのために、**ハードパワー**と**ソフトパワー**の両面での強化が必要になります。そして現実的には、あらゆるパワーをバランスよく組みあわせて、**スマートパワー**に変えて示していくことが求められます。

ハードパワーにおいては、日本の軍事力、すなわち自衛隊の強化があげられます。

現在、着々と形になっていますが、尖閣諸島とその周辺での有事を想定した能力の強化は、これまで以上に求められていきます。

さらに、中国とアメリカとがすでに、サイバー領域で熾烈《しれつ》な争いを繰りひろげている現実を考えれば、そのための能力の強化も不可欠なものになるでしょう。

そして、パワーが絶対的なものではなく、相手国との関係的・相対的な意味で存在していることを考えれば、中国の視点から効果的と思われる「抑止力・拒否力」を構築しなければなりません。

軍隊の抑止機能と抵抗機能のところでも説明しましたが、あらためて抑止力・拒否力とはどのようなものでしょうか。

もっともシンプルに考えるならば、抑止力・拒否力とは、「能力×意思」に他なりません。「能力」とは物理的な力、すなわち、ほぼ軍事力と同じものと考えられます。そして「意思」とは、たんに軍人や政治家たちの士気だけにとどまらず、国民全体の意思、とりわけ各メディアの論調が重要です。

ここでカン違いしてはならないのは、本当に「戦争をするかしないか」という極論を述べるのではなく、「戦う意思がある」ということを、あくまで相手国に思いこませるということです。こちら側に「戦う意思」と「その能力」があると思いこませることこそが、最大の抑止力・拒否力の表現となるのです。

しかし、日本が単独で中国に対抗することには限界があり、また非現実的でしょう。いまの日本は、世界有数の経済大国といえども、資源には限度があり、経済・福祉・教育など、国内のさまざまな課題にも対応していかなければいけません。軍事力だけにお金をかけられないという事情があります。ここで求められるのが、日米同盟の維持と強化です。

覇権国家とも呼ばれる超大国アメリカは、近年の中国やインドの台頭を前に、相対的なパワーこそ低下してきているといわれていますが、いまだ世界最大の軍事大国であり、経済大国です。そして、既存の国際秩序は、多くの面で、アメリカのリーダーシップに支えられてきました。

さらに、東アジアにおける日米同盟の存在が、これまでこの地域の平和と安定に大きく貢献してきたともいえます。日本の安全保障のみならず、東アジアの安定という地域的な安全保障の観点から見ても、既存の日米同盟を維持し、深化させる努力を続けていくことには、きわめて重要な意義があると思われます。戦略、あるいはその下位概念である戦術・作戦というテクニカルな面において、自衛隊とアメリカ軍の相互連携能力の強化は、たゆまず続けられていかなければならないのは、いうまでもありません。

しかし、日米同盟の大きな問題は、有事の際にアメリカが本当に日本を守るのかという懸念、すなわち**「見捨てられる不安」**が、つねに存在していることです。

そういう点では、まず政治的な関係においても、日米両国が「良好な関係」を構築していることが重要でしょう。そして、その良好さを外部に示さなくてはなりません。中国から見て、日米関係があまりうまくいっていないと判断されてしまえば、日米同盟が持つ抑止力の機能は低下してしまうからです。

四月に来日したオバマ大統領が、「尖閣は、日米安保条約の適用範囲内である」と発言したことが大きくとりあげられましたが、アメリカは、ことあるごとに同種のメッセージを国際社会、とくに中国に向けて発しているのです。それも、日米関係の良好さをアピールするためだということを理解しなくてはなりません。

対中国という目下《もっか》の懸案があるかぎり、日本は「**巻きこまれる不安**」を振りはらって、**集団的自衛権**の問題にもとりくんでいかなければなりません。さらに、仮に中国との有事が起これば、日本は、単独でも我が国土を守りぬくという現実味のある強いメッセージを発する必要があります。それが、日米同盟の強化につながります。

ソフトパワーにおいては、国際社会における日本の名声や魅力、好感度を上昇させていくことが、有用です。それが、中国への目に見えない内発的な牽制になります。

とくに、広く国際社会の課題に対応していくとともに、世界の平和と安定に貢献していく必要があります。対中国問題を抜きにしても、それが、日本の総合的な安全保障の質的向上につながってくることは、いうまでもありません。

そのために、国連をはじめとする**国際制度**の枠組のなかで、積極的に責任ある立場を果たし、自然災害や国際犯罪、国際テロリズム、内戦や海賊といった諸課題の解決にとりくむべきでしょう。

たとえば、アデン湾（Gulf of Aden）における海賊対策では、日本の海上自衛隊が、諸外国の軍隊と協力しながら現在も商船護送に力を発揮しています。最近では、内戦の続く南スーダンでのＰＫＯに陸上自衛隊が派遣されています。

このような課題の解決のために、効果的な活動ができるよう、それに即した自衛隊の能力強化（**支援機能**）や関係法整備が急がれます。とりわけ現代の内戦といった非伝統的な武力紛争は、「**新しい戦争**」や「**民衆のなかでの戦争**」といわれ、既存の考え方では対応できないと指摘されているところです。その状況にうまく適応する解決方法を考え、対処していく過程に、日本も参加しなくてはなりません。

それと並行して、おこなっていくべきなのが、アジア太平洋の国際関係の安定と平和をめざす勢力の構築です。

たとえば、前述のアキノ大統領のように、東南アジア諸国の多くが、中国の現状変更行為に懸念を示しているところです。地域の平和と安定を念頭に、こういった諸国と連携して、力による現状変更行為を許さないというメッセージを強く発しなくてはなりません。中国への説得に尽力して、その侵略的な意図を間接的におさえていくことが求められます。

以上のような具体的な、ソフトパワー強化の積みかさねのひとつひとつが、日本の国力そのものの強化につながります。これを抜かりのないハードパワーと組みあわせて活用することで、中国とのパワーの均衡は達成されます。

信頼の構築と経済関係の深化

パワーの均衡をめざす過程で、注意しなくてはならないのが、**安全保障のジレンマ**です。日本が自国の安全を確保するためにとった行為が、逆に安全を損ねてしまうというものです。

とくに、日本による自衛隊と日米同盟の強化は、中国に一方的な危機感を与えかねません。そうなれば、中国のさらなるパワーの増強をまねくことになるのは必然でしょう。それが両者のあいだに、不安や焦りを増幅させることにつながり、結局は軍拡競争にいたってしまいます。こうして、東アジアの国際秩序はさらに不安定な状態におちいりますが、アジア全体において、すでにその兆候が見られることは、第三章でもふれたとおりです。

このような状況を緩和し、不測の事態が戦争につながることを防ぐために、日中両国の**信頼醸成措置**が重要になります。

それには初歩的な部分で、日本の軍事力のある程度の透明性を確保していくことや、両国の軍人や政治家、研究者の人材交流があげられます。とくに、安倍政権がめざしているように、日中両国のあいだで常時開かれた危機管理ホットラインを設置し、対話の窓口をつくっておくことが急務でしょう。ここでキューバ危機の教訓を忘れてはならないのです。

パワーの均衡と並行して、中国との経済関係の深化をめざしたり、日中両国が協力してさまざまな国際問題の解決にあたったりすることも必要です。

中国は、たしかに脅威を与える存在とはいえ、日本最大の貿易相手国であることは変わりません。そして、台頭した中国の巨大市場は、日本をふくめ、世界じゅうの国々の経済発展に貢献しているのは、たしかな事実です。これは、中国にとっても同様で、自国の経済発展は国家目標であり、市場経済の安定には平和な環境が必要です。さらに、さまざまな国際制度に積極的な参加をしているのもまた事実であり、多くの国々が責任ある大国としての中国の姿を望んでいます。

戦略的な観点でも、日本が中国と、緊密な経済関係をはぐくむことは、戦争のもたらすリスクを押しあげる効果が期待できます。中国に対して、仮に日本に攻撃を加えたならば、日本との経済関係は破綻し、それが自国経済にとって大きなマイナスとなることを理解させるのです。

これが、先にあげた「**経済的相互確証破壊**」の具体的なあり方です。

ただし、「相互」という言葉にとらわれて、日中二国間のみで経済を考えてはいけません。経済的相互依存関係はいまや世界に広がり、リーマンショックや、EUの経済危機が示しているように、どこかの国が経済的問題をかかえれば、その問題はグローバルに波及することになります。

ましてや、GDPで世界二位と三位の大国どうしが、小競《こぜ》りあいであっても軍事的衝突を起こせば、株式市場や、マネー経済によっても支えられる両国の経済は、世界的な文脈のなかで大きな被害を避けられなくなるでしょう。

共産党による一党独裁の政治体制を敷いている中国は、いまやその政治権力の正統性の大部分を経済発展に依存しています。経済発展によって、国民の生活を豊かにできるかどうかが課題になっています。

これは、民主主義国家が国民による選挙によって政治権力の正統性を獲得しているのとは、おおいに異なる部分でもあります。国家の経済が破綻し、国民が貧しくなれば、その政治権力の正統性はおびやかされてしまいます。事実、経済的な困窮や行政の腐敗への抗議を理由とする民衆暴動が増加傾向にあるようです。ですから、中国にとってこそ、経済発展は死活的な問題なのです。

もちろん、仮にいま、中国が経済破綻におちいったとすれば、かつてフォークランド紛争開戦の背景がそうであったように、民衆の不満のはけ口を日本への強硬手段に求めることも否定できません（**転嫁理論**）。なぜなら、中国共産党の権力の正統性は、経済発展とともに、かつての日本軍国主義に勝利した歴史そのものにあるからです。

日中の衝突は必然ではありませんが、私たちは、つねに最悪の事態を想定しておかなければならないでしょう。

真の平和主義とは何か

なにはともあれ、現代日本の平和を守るために大切なことは、まずはしっかりと最悪の事態に備えることです。そして、有効な対策を講じ、東アジアの国際秩序を回復させるしかありません。

それには、日本の積極的な行動が必要です。平和とは、ただ願っていれば訪れるものではないのですから。

日本には、憲法第九条、すなわち「戦争の放棄、戦力及び交戦権の否認」を明記した、確固たる「平和憲法」が存在します。この第九条は、もとをたどれば、「一国平和主義」の思想が根底にあると見ることができます。

憲法改定論者のなかには、「アメリカに押しつけられた」ことを強調する人もすくなからずいます。しかし、たとえマッカーサー草案をもとにつくられたとはいえ、戦後の日本は、六〇年以上ものあいだ、この憲法を受けいれ、平和国家を自任してきたのは、まぎれもない事実なのです。

そして、この憲法第九条こそが、戦後の日本国民の安全保障観を象徴するものであり、オロスのいうように、それは戦後日本の「反軍国主義的安全保障」の要となってきました。つまり、戦後の日本は、「一国平和主義」を理想にかかげつつ、「消極的平和主義」路線を追求してきたといえます。

しかし、日本が軍備を放棄すればするほど、本当に世界は平和になるのでしょうか。過去二五年間、日本の軍事費（防衛費）は、さしたる増額を見てはいません。その同じ期間に、中国の軍事費は三三倍になりました。ついでにいえば、北朝鮮は、核兵器を保有するにいたっています。

こうした現実を考えるとき、戦後、日本がつらぬいてきた消極的平和主義という考え方は、現実の安全保障政策としては適さないことがもはや明らかです。**日本が軍事力を持とうが持たなかろうが、周辺諸国は軍事力を増強する**のです。

厳然たる現実から、日本が選択すべき方向性が見えてきます。くりかえしになりますが、まずは東アジアのパワーバランスにつねに気を配り、パワーを均衡させることにつとめることしかありません。

日本の安全保障政策のなかで、中国がもっとも嫌がるシナリオはどのようなものでしょうか。それは、日本が軍事費を増額し、軍事力を増強することにほかなりません。「戦争の敷居」を考えれば、日本が軍事力を増強すればするほど、中国側からすれば軍事力を行使する際のコストが高まるからです。実際、日本の防衛費の増額に対し、中国はさまざまな場面を用いて強く非難しています。

　とはいえ、日本の防衛予算を引きあげるにも限界があります。そこで日米同盟なのですが、中国は、日米関係の深化を、あの手この手を使って阻止しようとします。日米両国を合わせた軍事力は、いまのところ中国を圧倒するからです。費用対効果を考えれば、日本対中国ではなく、日米対中国という構図を維持しつづけることが、日本にとっては、もっとも現実的かつ妥当な安全保障政策の基本姿勢であるといえます。

　以上、日本の対中戦略をまとめると、可能なかぎり軍拡を進めつつ、日米同盟を活性化させることです。

　このうち軍拡については、すくなくとも軍縮によって挑発行為をしかけるよりかは、よっぽど抑止力として機能するはずです。安全保障のジレンマが生じる可能性もあるのですが、これについても、日本が軍拡をしなくても中国は軍拡を続けるでしょうから、「日本に戦う意思があり、その能力もある」ことを示す、あるいは中国にそう思わせることが重要です。

モーゲンソーは、『国際政治』のなかで、軍備の役目に関してこのように述べています。

「どんな種類の軍備でも、その政治目的は、他国に対して軍事力の使用を危険だと思わせ、それを抑止することにある。いいかえるなら、軍備の政治目的は、仮想敵国に軍事力の使用を思いとどまらせることによって、軍事力の現実の行使を不必要にすることにある」

「本当にアメリカは、日本を助けてくれるの？」

もうひとつの対中戦略の軸が、日米同盟です。日米安保条約第五条「共同防衛」には、つぎのように記されています。

「各締約国は、日本国の施政の下にある領域における、いずれか一方に対する武力攻撃が、自国の平和及び安全を危うくするものであることを認め、自国の憲法上の規定及び手続きに従って共通の危険に対処するように行動することを宣言する」

　重要なのは、傍点をつけた「日本国の施政《しせい》の下にある領域」という部分です。つまり、日本がその領域を実効支配していることが、アメリカが「共同防衛」を発動する前提となるということです。

「尖閣は、日米安保条約の適用範囲内である」という言葉は、尖閣諸島が「日本国の施政の下にある領域」であることを、アメリカは認めたということでしょうか。ここが煮えきらないところで、彼らの公式見解は、「尖閣の領有権問題に関しては中立」という従来の立場から、けっして踏みだしてはいないのです。

　ですから、中国が尖閣諸島を攻撃した場合、アメリカ軍がただちに反撃してくれるかといえば、そうとは断言できません。「共通の危険に対処するように行動する」とありますが、それが軍事行動であるのかもわかりません。政治的に圧力をかける方法をとることも考えられます。結論としては、「起こってみないとわからない」としかいいようがないのが、この問題です。

これも、ウクライナ問題における、ロシアへのアメリカやイギリスなどの対応を見れば、わかるのではないでしょうか。「強く反対する」とはいいながら、軍事行動は起こしません。国際政治とは、そういうものです。

この中途半端な状況に、中国の攻めいるスキが生まれるわけです。

中国は、アメリカが軍事的に介入してくることが明確である領域においては、おそらく日本と戦おうとはしません。たとえば、中国軍が米軍基地のある沖縄本島にいますぐ攻撃をしかけてくるようなことはありません。ここでも「戦争の敷居」論を思いだしていただきたいのですが、アメリカが介入してくる戦争は、中国にとってはあまりにもリスクが大きいからです。

その政府にとっての死活的国益は、共産党一党独裁体制の維持であり、共産党の正統性、あるいは共産党への国民の支持がなによりも重要な国益だといえます。ゆえに中国の戦争は、第一に国民の支持を得るためにおこなわれることになります。国民の支持を得るのが目的である以上、負けることは許されません。

中国は勝てる戦争しかしないのです。もしアメリカが軍事的に介入してくれば、中国が負ける確率は格段に高くなりますので、アメリカが介入してくるような戦いを中国が挑んでくるという事態は考えにくいでしょう。

しかし、アメリカが軍事的に介入してこないとなると、あるいは、それがウクライナ問題のように非難や経済的な制裁のレベルにとどまると予測されると、話は一変します。もしかするとアメリカは、尖閣諸島の領有権をめぐる軍事接触レベルでは介入してこないかもしれません。ここで重要なのは、実際にアメリカが軍事的な介入をするかどうかではなく、中国がそのように推測するに足る状況があるということです。

中国が、なんとかアメリカが軍事的に介入してくる可能性の低い方法、低レベルの軍事接触におさえる攻撃の方法をさぐりだし、その目算が立てば、尖閣諸島に対して武力を行使してくる可能性は十分ありえます。

日本にとっては、日本人の死者がひとりでも出れば一大事です。日本には軍事接触、小規模戦争、通常戦争、核戦争の区別なく、すべてひとくくりで「戦争という大問題」とされています。一方の中国にとって、軍事接触くらいは「軍事外交」、すなわち外交の一手段にすぎません。近年のフィリピンなどとの軍事衝突を思えば、そのことを疑う余地はないでしょう。

このように、日本と中国の損害の許容度をくらべれば、日本のほうが圧倒的に低いことは明らかです。この点では、日本は中国よりも「弱い」といえるのです。

尖閣有事で想定されるのは、おそらく軍事接触レベルでしょうから、日本がおこなうべきは、そういった軍事接触に自国の防衛力のみで対応できる態勢を整えておくことです。軍備においても、国内法においても、そうです。すくなくとも日本が自国領土を守るために戦う意思を見せなければ、アメリカが助けてくれることはまずないでしょう。

いちばん危険なのは、「戦争をして、日本人に死者が出るくらいなら、あんな小さな無人島くらい、くれてやれ」という、国民の意識なのです。

日本が進むべき道

最後に、これまでの話をまとめましょう。

日本が進むべき道は、東アジアのパワーバランスを均衡させるべく軍拡を進め、日米対中国という構図を維持するために日米同盟を活性化させ、同時に、中国と信頼醸成措置を講じるとともに、ソフトパワーの向上につとめることです。

そして、尖閣有事などの軍事接触レベルの「小さな戦争」に、自国で対処できる態勢をいち早く整えることです。抑止力とは、「能力＋意思」に他なりません。自国を守る能力と、国を守るために戦う覚悟が日本国民にあるかどうかが、なによりも重要な抑止力の要素です。

また、二〇一四年度の日本の防衛費総額は四五八億ドル（約四兆七八〇〇億円）で、前年度比二・二パーセント増となりますが、防衛費の増額ないし防衛力の増強が日本の軍国主義化を促進するという見方は、あまりにもお粗末な論理の飛躍です。

国の独立と領土、国民の生命、財産といった、かけがえのない価値を守ることを意味する安全保障問題に関しては、どこまでも現実的なコスト‐ベネフィット分析にもとづいて議論されるべきものです。死活的国益を確保するために必要であればやり、必要なければやらない。そのときのあらゆる選択肢のなかでベストな政策は何かをつねに考え、そして実践する以外に道はありません。

ただし、国際関係において、相手国がつねに合理的に行動するとは限らないということも念頭におくべきでしょう。

第四章で見た、人間の不完全性や、プロスペクト理論を思いだしてください。もし、中国が本気で尖閣諸島を自国のものであると考えているとしたらどうでしょう。あえてリスクをとってでも、軍事力の行使に踏みきるかもしれません。それが、「敵意と憎悪の戦争」になれば、コストを計算することは、きわめて難しくなるのです。

そのためにも、相手が合理的に行動した場合と、非合理的に行動してきた場合、そのどちらにも対応できるような備えをしておくことです。どこまでも現実的に、そして最悪のシナリオもふくめて、あらゆる事態に対応できるように備えておくことが、国防・安全保障の原則です。それは、精神的な備えもふくんでいます。

ラテン語に次のような格言があります。

〝Si vis pacem, para bellum.〟「汝《なんじ》、平和を望むなら、戦争に備えよ」

日本の平和、そして世界の平和を守るには、能力と意思、そして覚悟と責任が求められます。これを追求することこそが、真の平和主義であるといえます。

終章

硫黄島《いおうとう》での研修

防衛大学校では、毎年三学年の冬季定期訓練の一環として、太平洋戦争日米の激戦地である硫黄島《いおうとう》の戦場跡をめぐる研修をおこないます。

クリント・イーストウッド監督の映画作品でも知られる硫黄島は、終戦から一九六八年に返還されるまでアメリカの施政《しせい》下にありました。そして、沖縄上陸よりも早く、日本の国土に向けてアメリカ軍がはじめて上陸戦闘をおこなった場所でもあります。

この島は、東京都品川区よりすこし大きいくらいの小島ですが、アメリカにとって、日本本土爆撃の安全な遂行《すいこう》を可能にする、重要な中継地でもありました。事実、大戦中に多くのB29爆撃機が、ここに不時着しています。ですから、日本にとっても、本土爆撃を容易にさせないための戦略的要衝《ようしょう》であったわけです。

この島の防衛を任されたのが、栗林忠道《くりばやしただみち》陸軍中将以下、約二万人の陸海軍将兵です。制海権・制空権を完全に敵の手中におさめられ、直接的な増援や支援がほとんど望めない状態のなか、栗林に率《ひき》いられた硫黄島守備隊は、一九四五年二月十九日から三月二十六日まで、約六万人（後方支援をふくめればそれ以上）にものぼるアメリカ軍を迎えうちました。

この戦いは、アメリカ軍の死傷者総数が、日本軍のそれを上回ったという点でも、特筆すべき戦いでした。島全体をくまなく削りとるような、入念な砲爆撃までおこなったアメリカ軍をして、五日で落ちるといわせた硫黄島は、結局、三六日間にわたる持久戦を繰りひろげることになります。

栗林は、島全体に無数の地下壕《ごう》を張りめぐらせ、それらを拠点に徹底的な持久戦を展開することで、三六日間の「抵抗」を可能にしました。さらに栗林は、兵たちに自殺を禁じ、いわゆる「万歳突撃」のようなものも禁じて、最後まで戦いぬくことを厳《げん》として求めたのです。

二〇一二年十二月のある早朝、筆者二人をふくむ防大三学年生たちは、埼玉県の航空自衛隊入間《いるま》基地から輸送機に乗り、硫黄島へと南下して向かいました。現地の空港に着陸し、輸送機から降りてみると、そこは常夏《とこなつ》の南の島でした。

学生は隊列を組み、硫黄島内を行軍し、かつての戦場をめぐっていきます。猛暑のなか、行軍を続けるだけでも多くの汗が吹きだし、体力は消耗していきます。もちろん、私たちはあらかじめ水を多めに持参していました。しかし、当時の日本軍の兵隊たちは、雨水をためたもので渇《かわ》きをしのぐことしかできなかったとのことです。

現在では舗装《ほそう》された道路も通っていますが、それ以外の海岸や要塞跡のほとんどに当時の銃弾や薬莢《やっきょう》、爆弾の鉄片が散らばり、要塞入口やコンクリートの構築物には、無数の弾痕《だんこん》が残されたままです。地下壕も、硫黄ガスが充満しているために、いまだ近づくこともできない危険な個所がいたるところに存在します。

戦後約七〇年が経過し、多くの環境に変化があったとしても、当時この戦場の兵士たちが、いかに過酷な環境のなかに投じられていたかを身をもって実感することができました。

そして、狭い通路が蟻《あり》の巣のように張りめぐらされた地下壕内は、どこまでも暗黒の世界が広がっていました。この内部で、飢《う》えと渇きに耐えながら、圧倒的なアメリカ軍の攻撃をしのぎつづけた兵士たちに、驚嘆と哀傷の念を感じずにはいられませんでした。

なぜ当時の兵士たちは、ここまで戦うことができたのでしょうか。この戦場では、爆弾をかかえた生身の兵士がアメリカ軍戦車に突撃するという、いわば「陸の特攻攻撃」もおこなわれていました。戦闘機に爆弾をかかえて敵艦船に突撃する特攻隊が、昨今『永遠の0』という作品でふたたび脚光を浴びましたが、海や空ばかりでなく陸でも、そのような戦い方がおこなわれていたのです。

硫黄島守備隊のほとんどは、日本全国から「赤紙」によって召集《しょうしゅう》された三〇代以上の一般の兵士たちだったと聞きました。さらに、なかには十六歳ほどの少年兵もふくまれていたとのことです。これら二万人の軍隊を率い、栗林はいかなる指揮をとったのでしょうか。当時もてはやされた「いさぎよく散る」ことすら許さず、指揮下の部隊に死よりもつらく苦しい持久戦を続けさせた背景には、どのような心境があったのでしょうか。

栗林は、硫黄島を一日でも長く死守することが、アメリカ軍の本土への攻撃を遅らせ、同時に和平の道を切り開くきっかけにもなると考えていたといわれています。実際に、硫黄島陥落《かんらく》とほぼ同時に、沖縄上陸が開始されています。

長い抵抗には、兵士ひとりひとりの奮闘が必要でした。栗林は、硫黄島要塞の建設からアメリカ軍との最後の戦闘にいたるまで、つねに兵士たちと苦労をともにしました。その「余は常に諸氏の先頭に在り」という言葉を実践した統率がなければ、あのような激烈な持久戦を展開することは不可能であったでしょう。だからこそ栗林中将は、防大生、あるいは自衛隊の部隊指揮官にとっての鑑《かがみ》であるといわれているのです。

しかし同時に、兵士たちの不屈の忍耐と勇気がなければ、かの持久戦を繰りひろげることは、とうていできなかったというのもまた事実です。兵士たちの意思を支えたのは、国を守るというような大それたことではなく、家族・恋人・友人といった身近な人々を守りたいという素朴な願いであったかもしれません。考えてみれば、もともと軍人ではなく、戦争のために徴兵された多くの一般の日本人たちは、目の前の戦友のため、あるいはただ家族の安全と幸福を願って戦ったのかもしれません。栗林もまた、遠く離れた硫黄島から、心温まるたくさんの手紙を自身の妻や子に書き送っていました。

硫黄島には、いまだに多くの戦没者の遺骨が残されています。この地獄の戦場をめぐる体験研修は、自己の人生観や死生観を変えてしまうほどの衝撃を防大生に与えます。同時に、この国の平和を守るということの厳しさも教えられるのです。

敗北主義は、平和の希求にあらず

現在の日本の平和と繁栄は、硫黄島の戦死者をふくめて、あの悲惨な戦争で亡くなった多くの人々の犠牲の上に築かれています。

敗戦から四〇年以上たって生を受け、幸運にも平和な時代を生きてきた私たちは、防大に入校することがなければ、そのことを意識することもほとんどなかっただろうと思います。あの悲惨な歴史をゆがめることなく直視し、その教訓と平和の尊さを語りついでいくことが重要だといわれます。たしかにそのとおりでしょう。あのような過ちを繰りかえすことは、二度とあってはなりません。

と同時に、世界の厳しい現実のなかで、この何よりも尊い平和を、強い意思と能力をもって守りぬいていかなければ、この先の未来において平和を維持することなど、まったく不可能であると断言できます。

それはただ、日本に強力な自衛隊が存在すれば達成されるのでもありません。祖国や同胞に対する窮迫《きゅうはく》不正の侵害や破壊に対し、なにより国民ひとりひとりが決然と立ちむかう強固な「意思」を持つことが重要なのではないでしょうか。

その意思によってはじめて、保持する力に生命と意義が与えられ、「日本と戦争をしてはならない」と、外敵の悪意をくじくことができるのです。つまり、国家と国民の平和と安全を守るためには、能力と意思が必要ですが、とりわけ意思の力を欠かすことができません。

防衛大学校初代校長、槇智雄は、第二期生の入校式のおり、学生たちに以下のように語りかけました。

「国に独立なければ国民の生活は隷属《れいぞく》の日々であり、活動の自主性は全《まった》く奪われて、その働きには何の感激もなく、かかる社会には全く生命が見出《みいだ》せないのであります。同時に国民としての希望の何物もあり得ぬことは言うまでもありません。もしかかる侵略及《およ》び破壊が行われたとしたならば、わが国民はこれをただ、手をつかねて見まもるでありましょうか。また何ら抵抗することなく、侵略者をして、その思うがままにわが海岸線を通過せしむるでありましょうか。わが国民の誇りと、その知性並びに感情は、またその国土を蹂躙《じゅうりん》にまかすものではないことを堅《かた》く信じてよかろうと考えます。もし抵抗の無益なることを説き、抵抗の準備を怠るをもって平和の福音《ふくいん》であるかのごとく論ずる者があるならば、それは敗北主義と呼ぶべきもので、戦わずして降《こう》服《ふく》を申し入れ、門を開いて敵を迎えんとするに異なりません。そのいずこに人としての知性が見受けられ、文明人としての気魄《きはく》と尊厳があるのでありましょうか」

（『防衛の務め』）

本書では、安全保障を考えるうえで重要なポイントを、さまざまな視点から考えてきました。国際政治学や安全保障学の根本には、「人類の平和を達成するには、どうしたらいいのか」というテーマがつねに存在します。その永遠のテーマに挑戦した人類の英知は、さまざまな蓄積を重ねてきました。その意義ある蓄積の一端を、防衛大学校で学ぶことができたのは、私たちの最大の財産であります。

しかし、最後に申し加えさせていただきたいのは、真に尊敬され尊重されるべきは、安全保障の現場で、まさに血と汗と労苦と涙を捧げて日夜職務にまっとうする人々だということです。それは、自衛官をはじめとする自国と世界の平和に貢献する軍人であり、海上保安庁などで国境警備にあたる職員であり、また、外交官や国連職員など、さまざまな現場に身を投じる人々のことです。

私たちは、こうした職務への感謝と支持を、これからは一般の国民のひとりとして、積極的に表明していかなくてはならないと心あらたにしているところです。みなさんも本書をきっかけとされて、日本と世界の平和と安全保障について、考えを深めてくだされば、これほどの光栄はありません。

最後までお読みいただき、ありがとうございました。

あとがき

本書の執筆によって、私たちが防衛大学校四年間の教育訓練を通じてどれだけ多くのことを学ぶことができたのかを、あらためて強く実感することとなりました。貴重で濃密な時間と機会を提供してくれた防大には、心から感謝しています。

在学中、私たちの校外活動を快く後押ししてくださった学校長をはじめとする関係各位、とくに国際関係学科の各教官、防衛学でお世話になった教官方、中隊の指導官、そして、かけがえのない日々の共有を与えてくれた同期、上下級生諸氏に対する感謝の念は尽きることがありません。また、学内はもちろん、他大学の学生の皆さんや先生方など、数えきれないほどに多くの人々との出会いがあったからこそ、本書を、こうして世に送りだすことができました。重ねてお礼申しあげます。

なお、本書で記載した内容はすべて筆者個人の見解であり、防衛大学校をはじめとする防衛省・自衛隊の公式見解とは一切関係ありません。内容に不備や、いたらない点があるとしましたら、それらはすべて、筆者二人の責任によるものであることを、おことわりさせていただきます。

主要参考文献

○**データセット**

Anne Leland, Mari-Jana "M-J" Oboroceanu, *American War and Military Operations Casualties: Lists and Statistics*, Congressional Research Service, February 26, 2010, 〈http://www.fas.org/sgp/crs/natsec/RL32492.pdf〉, accessed on February 28, 2014.

Uppsala University, UCDP/PRIO Armed Conflict Dataset v.4-2013, 1946 - 2012, 〈http://www.pcr.uu.se/research/ucdp/datasets/ucdp_prio_armed_conflict_dataset/〉, accessed on February 14, 2014.

United States Government Spending, *Government Spending Details*, 〈http://www.usgovernmentspending.com/classic〉, accessed on February 28, 2014.

○一次**資料**

「国家安全保障戦略」二〇一三年十二月十七日国家安全保障会議決定・閣議決定

○二次**資料**

アルバート・アインシュタイン、ジグムント・フロイト『ヒトはなぜ戦争をするのか?——アインシュタインとフロイトの往復書簡』浅見昇吾訳、花風社、二〇〇〇年

阿部齊・高橋和夫編『国際関係論』放送大学教育振興会、一九九七年

五百旗頭真編『戦後日本外交史』有斐閣アルマ、二〇〇六年

石井修『国際政治史としての20世紀』有信堂、二〇〇〇年
石川卓「「アメリカにとっての同盟」と同盟理論」『日米関係の今後の展開と日本の外交』第3章、国際問題研究所、二〇一〇年
石津朋之『戦争学概論』筑摩選書、二〇一三年
石津朋之『名著で学ぶ戦争論』日経ビジネス人文庫、二〇〇九年
猪口邦子『戦争と平和』東京大学出版会、一九八九年
猪口孝『国際政治の見方』ちくま新書、二〇〇五年
ケネス・ウォルツ『国際政治の理論』河野勝・岡垣知子訳、勁草書房、二〇一〇年
ケネス・ウォルツ『人間・国家・戦争――国際政治の3つのイメージ』渡辺昭夫・岡垣知子訳、勁草書房、二〇一三年
衛藤瀋吉・渡辺昭夫・公文俊平他『国際関係論』東京大学出版会、一九八九年
岡義武『国際政治史』岩波現代文庫、二〇〇九年
小笠原高雪・栗栖薫子・広瀬佳一他編『国際関係・安全保障用語辞典』ミネルヴァ書房、二〇一三年
E・H・カー『危機の二十年』原彬久訳、岩波文庫、二〇一一年
加藤朗・吉崎知典・長尾雄一郎他『戦争――その展開と抑制』勁草書房、一九九七年
神谷不二『朝鮮戦争――米中対立の原形』中公文庫、一九九〇年
メアリー・カルドー『新戦争論――グローバル時代の組織的暴力』山本武彦・渡部正樹訳、岩波書店、二〇〇三年
北岡伸一「2032年の東アジアと日本の役割――揺るがぬ米国の優位」『外交』vol.17、時事通信社、二〇

一三年
カント『永遠平和のために』宇都宮芳明訳、岩波文庫、一九八五年
君塚直隆『パクス・ブリタニカのイギリス外交――パーマストンと会議外交の時代』有斐閣、二〇〇六年
ジョン・L・ギャディス『ロング・ピース――冷戦史の証言「核・緊張・平和」』五味俊樹・阪田恭代・宮坂直史他訳、芦書房、二〇〇二年
クラウゼヴィッツ『戦争論』上、清水多吉訳、中公文庫、二〇〇一年
ジョージ・F・ケナン『アメリカ外交50年』近藤晋一・飯田藤次・有賀貞訳、岩波現代文庫、二〇〇〇年
ポール・ケネディ『世界の運命』中公新書二〇一一年
小池政行『現代の戦争被害―ソマリアからイラクへ―』岩波新書、二〇〇四年
高坂正堯『国際政治』中公文庫、一九六六年
高坂正尭『古典外交の成熟と崩壊』Ⅰ・Ⅱ、中公クラシックス、二〇一二年
斎藤眞『アメリカ政治外交史』東京大学出版会、一九七五年
坂本一哉『日米同盟の絆――安保条約と相互性の模索』有斐閣、二〇〇六年
塩野七生『想いの軌跡　1975‐2012』新潮社、二〇一二年
塩野七生『マキアヴェッリ語録』新潮文庫、一九九二年
P・W・シンガー『戦争請負会社』山崎淳訳、NHK出版、二〇〇四年
P・W・シンガー『ロボット兵士の戦争』NHK出版、二〇一〇年
新潮社編『塩野七生『ローマ人の物語』スペシャル・ガイドブック』新潮文庫、二〇一一年

主要参考文献

菅原出『民間軍事会社の内幕』ちくま文庫、二〇一〇年
杉原高嶺・水上千之・臼杵知史他『国際法講義』有斐閣、二〇一二年
ジョセフ・E・スティグリッツ、リンダ・ビルムズ『世界を不幸にするアメリカの戦争経済――イラク戦費3兆ドルの衝撃』楡井浩一訳、徳間書店、二〇〇八年
ルパート・スミス『軍事力の効用――新時代「戦争論」』山口昇監修、佐藤友紀訳、原書房、二〇一四年
武田康裕・武藤功『コストを試算！日米同盟解体』毎日新聞社、二〇一二年
多湖淳『武力行使の政治学』千倉書房、二〇一〇年
バーバラ・W・タックマン『八月の砲声』上下、山室まりや訳、ちくま学芸文庫、二〇〇四年
田中明彦・中西寛編『新・国際政治経済の基礎知識』有斐閣ブックス、二〇〇四年
土山實男『安全保障の国際政治学――焦りと傲り』有斐閣、二〇〇四年
トゥキュディデス『歴史』上下、小西晴雄訳、ちくま学芸文庫、二〇一三年
戸部良一・寺本義也・鎌田伸一他『失敗の本質――日本軍の組織的研究』中公文庫、一九九一年
ジョセフ・S・ナイ・ジュニア『国際紛争――理論と歴史』田中明彦・村田晃嗣訳、有斐閣、二〇〇九年
ジョセフ・S・ナイ・ジュニア『スマート・パワー――21世紀を支配する新しい力』山岡洋一・藤島京子訳、日本経済新聞出版社、二〇一一年
中谷和弘・植木俊哉・河野真理他『国際法』有斐閣アルマ、二〇〇六年
中西寛『国際政治とは何か』中公新書、二〇〇三年
中西寛・石田淳・田所昌幸『国際政治学』有斐閣、二〇一三年

西原正監、平和・安全保障研究所編『混迷の日米中韓緊迫の尖閣、南シナ海――年報［アジアの安全保障2013-2014］』朝雲新聞社、二〇一三年
平間洋一「大磯を訪ねて知った吉田茂の背骨」『歴史通』2011年7月号、ワック、二〇一一年
広瀬佳一・吉崎知典編著『冷戦後のNATO――〝ハイブリッド同盟〟への挑戦』ミネルヴァ書房、二〇一二年
藤原帰一『戦争の条件』集英社新書、二〇一三年
船橋洋一編『同盟の比較研究――冷戦後秩序を求めて』日本評論社、二〇〇一年
J・フランケル『国際関係論』田中治男訳、東京大学出版会、一九八〇年
トーマス・フリードマン『フラット化する世界――経済の大転換と人間の未来』上下、伏見威蕃訳、日本経済新聞出版社、二〇〇八年
ヘドリー・ブル『国際社会論――アナーキカル・ソサイエティ』臼杵英一訳、岩波書店、二〇〇〇年
防衛省編『平成25年版　日本の防衛――防衛白書』日経印刷、二〇一三年
防衛大学校安全保障学研究会編『新訂第4版　安全保障学入門』亜紀書房、二〇〇九年
防衛大学校安全保障学研究会編『安全保障のポイントがよくわかる本――安全と脅威のメカニズム』亜紀書房、二〇〇七年
防衛大学校・防衛学研究会編『軍事学入門』かや書房、一九九九年
細谷雄一『国際秩序』中公新書、二〇一二年
ホッブズ『リヴァイアサン』1、水田洋訳、岩波文庫、一九九二年
K・E・ボールディング『紛争の一般理論』内田忠夫・衛藤瀋吉訳、ダイヤモンド社、一九七一年

槇智雄『防衛の務め——自衛隊の精神的拠点』中央公論新社、二〇〇九年

松岡完・広瀬佳一・竹中佳彦編『冷戦史』同文舘出版、二〇〇三年

カール・マルクス『共産主義者宣言』金塚貞文訳、平凡社、二〇一二年

村田晃嗣・君塚直隆・石川卓他『国際政治学をつかむ』有斐閣、二〇〇九年

モーゲンソー『国際政治』上中下、原彬久訳、岩波文庫、二〇一三年

山口昇「沖縄に米海兵隊が必要な五つの理由」『中央公論』2010年5月号、中央公論新社、二〇一〇年

山口昇「書評——Rupert Smith, *The Utility of Force: The Art of War in the Modern World*」戦略研究学会年報『戦略研究』第6号、二〇〇九年

山崎雅弘『現代紛争史』学研M文庫、二〇〇一年

山本吉宣『国際レジームとガバナンス』有斐閣、二〇〇八年

山本吉宣・武田興欣編『アメリカ政治外交のアナトミー』(国際書院、二〇〇六年)

吉川直人・野口和彦編『国際関係理論』勁草書房、二〇〇六年

ブルース・ラセット『パクス・デモクラティア——冷戦後世界への原理』鴨武彦訳、東京大学出版会、一九九六年

ルソー『人間不平等起源論』本田喜代治・平岡昇訳、岩波文庫、一九七二年

ポール・ゴードン・ローレン、ゴードン・A・クレイグ、アレクサンダー・L・ジョージ『軍事力と現代外交——現代における外交的課題 原書第4版』木村修三・滝田賢治・五味俊樹他訳、有斐閣、二〇〇九年

渡邉昭夫監、世界平和研究所編、北岡伸一『日米同盟とは何か』中央公論新社、二〇一一年

John Baylis, James J. Wirtz, Colin S. Gray, *Strategy in the Contemporary World*, 4th Edition., Oxford University

Press, 2013

Richard K. Betts, *American Force: Dangers, Delusions and Dilemmas in National Security*, Columbia University Press, 2012

Thomas U. Berger, *Cultures of Antimilitarism: National Security in Germany and Japan*, Johns Hopkins University Press, 1998

Thomas U. Berger, "From Sword to Chrysanthemum: Japan's Culture of Anti-Militarism," *International Security*, Vol.17, No.4, Spring 1993

James Dobbins, David C. Gompert, David A. Shlapak, and Andrew Scobell, *Conflict with China: Prospects, Consequences, and Strategies for Deterrence*, The RAND Corporation, 2011, 〈http://www.rand.org/content/dam/rand/pubs/occasional_papers/2011/RAND_OP344.pdf〉 , accessed on February 14, 2014.

Klaus Dodds, *Geopolitics: A Very Short Introduction*, Oxford University Press, 2007.

Gideon Rose, *How Wars End: Why We Always Fight the Last Battle*, Simon & Schuster, 2010

Peter J. Katzenstein, *Cultural Norms and National Security: Police and Military in Postwar Japan*, Cornell University Press, 1996

Andrew Oros, *Normalizing Japan: Politics, Identity and Evolution of Security Practice*, Stanford University Press, 2008

Rupert Smith, *The Utility of Force: The Art of War in the Modern World*, New York: Vintage, 2008

切りとり線

★読者のみなさまにお願い

この本をお読みになって、どんな感想をお持ちでしょうか。祥伝社のホームページから書評をお送りいただけたら、ありがたく存じます。今後の企画の参考にさせていただきます。また、次ページの原稿用紙を切り取り、左記まで郵送していただいても結構です。

お寄せいただいた書評は、ご了解のうえ新聞・雑誌などを通じて紹介させていただくこともあります。採用の場合は、特製図書カードを差しあげます。

なお、ご記入いただいたお名前、ご住所、ご連絡先等は、書評紹介の事前了解、謝礼のお届け以外の目的で利用することはありません。また、それらの情報を6カ月を越えて保管することもありません。

〒101-8701（お手紙は郵便番号だけで届きます）
祥伝社新書編集部
電話03（3265）2310
祥伝社ホームページ　http://www.shodensha.co.jp/bookreview/

★本書の購買動機（新聞名か雑誌名、あるいは○をつけてください）

＿＿＿新聞の広告を見て	＿＿＿誌の広告を見て	＿＿＿新聞の書評を見て	＿＿＿誌の書評を見て	書店で見かけて	知人のすすめで

★100字書評……防衛大学校で、戦争と安全保障をどう学んだか

名前

住所

年齢

職業

杉井 敦　すぎい・あつし

1989年生まれ。福岡県出身。防衛大学校人文・社会科学専攻国際関係学科卒業。2012年度国際関係学科卒論最優秀論文賞（「体制変動期における軍部の動向―エジプト型体制変動の分析」）。2013年、防衛省・自衛隊を退職。在学中から現在まで、共著者の星野と安全保障や戦略をテーマとした勉強会やセミナーを開催。本書より執筆活動を本格的に開始。

星野了俊　ほしの・あきとし

1988年生まれ。埼玉県出身。防衛大学校人文・社会科学専攻国際関係学科卒業。2012年度防衛学特論優秀賞（「日米同盟の今日的意義と今後の展望」）。卒論テーマは「アメリカの対外介入撤退要因」。2013年、防衛省・自衛隊を退職。

防衛大学校《ぼうえいだいがつこう》で、戦争《せんそう》と安全《あんぜん》保障《ほしよう》をどう学《まな》んだか

杉井《すぎい》 敦《あつし》　星野《ほしの》了俊《あきとし》

2014年6月10日　初版第1刷発行

発行者……………竹内和芳
発行所……………祥伝社しょうでんしゃ
〒101-8701　東京都千代田区神田神保町3-3
電話　03(3265)2081(販売部)
電話　03(3265)2310(編集部)
電話　03(3265)3622(業務部)
ホームページ　http://www.shodensha.co.jp/

装丁者……………盛川和洋
印刷所……………萩原印刷
製本所……………ナショナル製本

Printed in Japan　ISBN978-4-396-11368-1 C0231